문학과 문화 사이

영문학 교수의 대중문화 읽기

박윤기 지음

KM 경문사

Prologue

유일한 고독 치유법

글을 쓴다는 것, 창작을 하고 그것을 글자로 엮거나 풀어내는 일은 인내와 고통의 산물입니다. 그러기에 시인이나 소설가 그리고 평론가의 일을 '작업'이라 부릅니다. 그들의 작업은 제 몸이 썩어가며 진주를 배태하는 푸른 조개의 고역과도 같습니다.

인생은 고독합니다. 때때로 흥미롭고 신나지만 근본적으론 고독합니다. 우리가 살아가는 시간이 그렇고 숨을 들이쉬는 공간이 그러합니다. 그렇다면 고독한 삶과 환경을 치유할 방법은 무엇일까요? 그것은 글쓰기입니다. 건조한 지면을 녹녹한 상상력으로 채워가는 것, 그것이 바로 글쓰기입니다. 보이는 것과 보이지 않는 것을 하나로 엮는 것, 존재하는 것과 존재하지 않았던 것을 교차로 풀어내는 것, 그것이 바로 글쓰기이고 창작입니다.

창작의 과정은 인생에 비해서 더 외롭고 고독합니다. 그것은 우리가 견뎌야 하는 가장 큰 고독인지도 모릅니다. 마지막 사랑의 상실보다 더 고독합니다. 하지만 오롯이 혼자만의 몫인 글쓰기의 과정은 오히려 그 지독한 고독을 치유하는 유일한 방법이 되기도 합니다. 역설이지요. 인내와 고통의 애끓는 작업이 감내하기 힘든 외로움이 바로 그 고독의 아픔을 치유합니다. 따라서 자기 글을 쓰고자 하는 이들은 누구나 그 역설의 신비를 좇는 언어의 연금술사들이라 할 수 있습니다.

글쓰기는 또한 배고픔의 연속이기도 합니다. 『굶주림』의 작가 크누트 함순이 아니더라도 창작을 시도한 자 모두는 허기진 정신이라는 배고픔의 극한을 경험했을 것입니다. 하지만 그들은 글쓰기를 포기하지 않았습니다. 그것이 고독을 치유할 유일한 방법이었으니까요. 창작의 인고를 견디면서 그들은 헛헛한 마음을 채웠고 이제는 생각이 배고픈 독자들의 허기를 채우려 합니다. 누군가의 고독을 치유하려 합니다.

그들 모두는 글쓰기의 초심자로부터 출발합니다. 하지만 그들의 글쓰기에 대한 열정은 뜨거웠고 작품에 대한 애정은 남달랐습니다. 글쓰기는 외줄을 타는 것처럼 극도의 집중력이 요구되는 작업입니다. 이야기를 전개해가는 과정은 한 발 한 발 한 걸음씩의 전진하는 곡예사의 묘기에 비유할 수 있습니다. 이는 막상스 페르민이 『네에쥬』에서 작가를 곡예사에 비유하는 이유이기도 합니다. 그는 "글을 쓴다는 것은 팽팽한 아름다움의 줄 위로, 한 글자 한 글자씩 나아가는 일"이라고 말합니다. 언어의 곡예사가 되는 일은 매순간 흔들리는 줄 위에서 떨어지지 않고 걸어야 하는 것처럼 아주 어려운 일입니다.

여기 창작의 곡예에 전념한 자들이 있습니다. 그들은 오랫동안 걸어왔고 그러는 동안 외로움과 싸웠고 상상의 깊이만큼 채워지지 않는 지면을 보면서 배고픔을 느꼈고 풀리지 않는 스토리에 고독을 경험했습니다. 그렇지만 그들은 포기하지 않았고 한 올 한 올 양탄자를 짜내듯 처음과 중간과 마지막이 있는 하나하나의 작품을 완성합니다. 에드워드 사이드는 지식인은 아마추어라야 한다고 말합니다. 아마추어는 프로만큼 완성도를 갖추거나 숙달된 사람은 아닙니다. 하지만 숙달되지 않은 아마추어들이기에 그들은 배우고자 하는 의지가 더 강하고 더 많은 것을 받아들일 수 있는 유연함의 공간을 준비해놓고 있는 것입니다. 그러므로 글을 쓰고자 하는 이, 독창적인 작품을 엮어내고자 하는 이, 그들 모두는 영원한 아마추어로 머물러야 합니다. 그런 그들을 통해 한 올 한 올 짜인 이야기의 실타래야말로 삶이라는 유일한 고독의 치유제가 될 수 있을 것입니다.

차 례

제 1 장
문학과 스토리텔링, 그리고 글과 글쓰기

1.1 고독한 예술로서의 글쓰기

"글쓰기는 가장 고독한 예술입니다." 조이스 캐롤 오츠가 『작가의 신념』에서 한 말이다. 글쓰기는 혼자만의 일이고 순전히 자신만의 작업이기 때문에 그렇다. 강요하는 이 없지만 스스로를 강요해야 이루어지는 고독한 싸움이다. 그러기에 글쓰기는 외로운 작업이다. 지켜보는 사람 없고 응원하는 사람도 없다. 딱히 무엇을 기대하는 사람도 없다.

그는 늘 혼자이다. 주변인이자 외톨이이다. 궁핍하고 허기져 있다. 그는 변방의 끄트머리에서 홀로 서 있다. 그는 고독하다 말한다. 그래서 그는 극단의 소외감을 느낀다. 그는 또 외롭다 말한다. 그런데 그는 이렇게도 말한다. 고독과 외로움은 글이 된다고 말이다. 혼자라서 고독하고 고독해서 더 외롭다고 말한다. 그래서 슬프지만 그의 고독과 슬픔은 다채로운 색상의 글이 된다 말한다. 고독과 슬픔은 씨줄과 날줄로서 재료가 되며 무지갯빛 천으로 완성된다. 고운 빛 양탄자로 완성된다. 글자와 글자, 글과 글, 단어와 단어, 문장과 문장 사이사이 정서와 감정이 깃든 작품이 된다. 시가 되고 수필이 되며 소설이 되고 평론이 된다. 그 하나하나는 흐르는 강물에 녹아든다. 문학이라는 거대한 흐름의 염료가 된다. 각각의 작품은 다채로운 색상의 완결된 미美로서 그 흐름에 동참한다.

낭만주의 시인인 키츠는 「희랍 항아리의 노래」에서 다음과 같이 말한다. "미는 진리고 진리는 미이다." 그렇다면 완결된 미로서 바다로 흘러드는 시고 수필이고 소설이고 평론이라는 염료는 진리의 색채이다. 각각의 작품은 아롱진 채색의 아름다운 진리의 물결이다. 이런 의미에서 미는 진리를 드러내는 창이고 진리는 미의 가치를 구현한다.

잘 짜인 언어는 아름다운 글이 되고 작품이 된다. 그런데 미는 인간의 문명과도 긴밀한 관계에 있다. 프로이트는 『문명과 불만』에서 미의 효용성에 관해 이렇게 정의한다. "미는 가시적인 효용성은 없다. 그것에 대한 절박한 필요성도 확인되지 않는다. 하지만 그것 없이 문명은 불가능하다." 그렇다. 작품은 그것을 읽는 독자들에게 가시적인 가치를 주지는 못할지도 모른다. 하지만 프로이트가 강조하듯이, 작품을 통한 하나의 완결된 미는 마음을 정화시키고 상상력을 유발시키고 진리에 이르게 한다. 이것은 비가시적인 효용성에 관한 것이다. 미는 감정을 자극하면서 절대적인 기쁨을 느끼게 한다. 다시 키츠이다. 그는 기쁨을 주는 미에 대해 다음과 같이 말한다. "미에는 언제나 베일을 쓴 슬픔이 함께한다." 그렇다. 미는 기쁨을 준다. 하지만 그것은 슬픔과 함께한다. 우울함과 함께하고 고독과 함께한다. 우울함은 고독이고, 고독은 슬픔이다. 고독과 슬픔. 그것은 개인의 경험이다. 그런데 그런 경험은 작가의 상상력과 비전을 통해 글이 되고 문장이 되고 작품이 된다. 이렇듯 개인의 고독과 슬픔은 씨줄과 날줄로써 작용하며 작품을 배태하는 재료가 된다. 그렇다면 글이란 무엇이고 또 작품이란 무엇일까? 다시 또 조이스 캐롤 오츠이다. 그녀는 "글을 쓴다는 것은 개인과 세상 사람들과의 균형을 맞추는 일"이라고 말한다. 작가는 고독하게 살면서 그리고 슬픔을 경험하면서 세상과 대면한다. 궁핍한 주변인으로서 고독한 존재로서 자기의 경험을 세상에 이야기한다. 하지만 고독한 예술가로서의 작가의 이러저러한 이야기는 다채로운 색상의 글이 되어 또 다른 누군가의 더 큰 고독을 위로하는 아롱진 채색의 아름다운 작품으로 완성된다.

1.2 문학과 스토리텔링, 그리고 글과 글쓰기

아네트 시몬스는 『스토리 팩터』에서 "스토리텔링이 주는 힘은 믿음"이라고 말한다. 그녀에 따르면 믿음은 단순한 '사실fact'의 나열만으로는 불가능하다고 한다. 믿음은 생성과 지속의 동력이 필요한데 그것은 마음속 신념에 활기를 불어넣는 스토리(이야기)에 의해서이다. 스토리를 통해 믿음에 이르는 길이 제시되는 것이다.

스토리는 그것이 아니고서는 불가능한 방법으로 우리가 누구인가를 드러나게 한다. 그러기에 문학에서의 스토리텔링은 '자기표출self-disclosure'

이라는 심리학적인 용어로 치환될 수 있다. 어느 시인은 말한다. "우리는 모두 걸어 다니는 '비문epitaph' 이다." 그렇다. 우린 스스로 모든 것들의 역사와 그것의 이야기를 담고 있는 살아 있는 주체이다. 여기서 이야기란 시공간에 관한 우주적인 것일 수 있고 신의 존재나 인간의 삶에 관한 것일 수도 있다. 그것은 해와 달, 대륙과 섬, 산과 계곡, 밀물과 썰물에 관한 것일 수도 있으며 나와 그들에 관한 것일 수도 있다. 따라서 이 모든 것을 이야기하는 스토리텔링은 우리와 우주에 관한 모든 것들에 대한 해석이다. 그리고 매력적인 설명이다.

누군가는 또 말한다. 사실만이 '진실truth' 이고 사실만이 중요하다고. 하지만 과연 그럴까? 문학과 스토리텔링의 가치와 필요성을 언급하는 하나의 이야기가 있다.

[어느 마을의 '사실' 은 이집 저집 문을 두드렸지만 문전박대를 당했다.

언제나 그랬다. 그것은 사실이 벌거벗은 듯 적나라하고 얼음처럼 냉혹해 보였기 때문이었다. 상스럽고 천박한 신체의 진실은 사실만을 말함으로써 사람들을 놀라게 했다. 그러던 중 어느 날 '우화parable'는 굶주려 있는 '사실'이 골목길 한 귀퉁이에서 추위에 떨며 쭈그리고 있는 모습을 보았다. 그는 불쌍한 마음에 그녀를 집으로 데려가 스토리텔링으로 옷을 지어 따듯하게 입혀 보냈다. 그것은 아름다운 옷이었다. 그리고 스토리텔링으로 옷을 입은 그녀 또한 아름다웠다. 그녀는 이전에 자신을 쫓아낸 집들을 찾아가 다시 또 문을 두드렸다. 그런데 이번에는 진심어린 환대를 받았다. 그들은 따듯한 난롯가에 그녀를 앉히고는 맛있는 음식을 내어 주었다.]

이것은 자신의 적나라한 모습의 사실이 스토리텔링의 옷을 입자 외면했던 사람들이 받아주었다는 내용이다. 이렇듯 문학은 단순한 사실에 비해 순화되고 아름답기에 더 우아하며 저항도 크지 않다. 그러기에 누군가의 마음을 움직이는 데 이야기보다 더 강력한 무기는 없다. 그것은 스토리가 직관과 무의식을 자극하며 타인에 대한 공감을 자아내기 때문이다. 이것이 바로 스토리텔링이 지니는 힘이다.

사실 세상에서 영향력이 가장 큰 성서는 스토리로 구성되어 있다. 밀턴의 서사시도 그렇다. 아주 먼 옛날에도 사람들은 스토리를 지어냈고 그림으로도 공유했다. 『천일야화』의 세헤라자데처럼 끊임없는 이야기로 생명을 지키고 세계를 이을 수 있었다. 이처럼 이야기는 힘이자 생명이다. 좋은 이야기는 우리의 세계관을 확장시킨다. 스토리는 단순한 사실 이상의 진실성이 있다. 진실에는 여러 가지 층위의 상황이 존재하는데 단순한 사실의 나열만으로는 그것의 본질에 접근하기가 어렵기 때문이다. 정의나 도덕성은 한마디로 정의하기엔 너무도 복잡한 일이기에 통계수치와 같은 사실만으로는 설명이 되지 않는다. 사실이 진실이 되기 위해서는 누가, 언제, 어디서라는 객관적인 전제가 우선되어야 한다. 하지만 스토리에는 이 모든 것이 통합되어 있다. 즉, 어느 특정한 인물이나 시공간의 제한을 받지 않으며 세세한 설명도 필요치 않는다. 사실은 그 자체만으로는 위력이 크지 않다. 찰스 디킨스는 “진실한 삶보다 더 큰 파급력은 없다”고 말하는데 삶을 진실하게 만드는 것은 바로 스토리를 통한 공감이다. 사실에 의미가 부여되지 않는다면 그것은 그저 단편적이거나 고립된 사건에 불과하다. 의미를 부여하는 것, 그것이 바로 스토리텔링인 것이다.

스토리텔링은 강요가 아니다. 20세기 모더니즘을 대표하는 T. S. 엘리엇은 “좋은 시는 감정을 강요하는 것이 아니라 유발시키는 것”이라 한다. 그렇다. 스토리는 감정을 불러일으키고 공감을 확산시켜준다. 카네기는 말한다. “세상에서 가장 위대한 진리는 스토리로 표현하는 것이다.” 이는 사실보다 허구가 더 진실이 되는 순간이다. 스토리는 사실이 아니다. 사실에 근거한 것이라 해도 온전한 사실은 아니다. 그러나 그것은 진실의 실체를 명확하게 보여준다. 그것은 어쩌면 ‘주관적인 질문에 대한 주관적인 대답, 지극히 주관적인 진실’일 수 있다.

이현은 『동화 쓰는 법: 이야기의 스텝을 제대로 밟기 위하여』에서 아스트리드 린드그렌의 『내 이름은 삐삐 롱스타킹』에서의 삐삐가 주관적인 진실을 말하고 있다고 주장한다. 하지만 그녀는 그러한 삐삐의 주관적인 진실이 사람들에게 놀라움을 주었고 그래서 그들에게 다른 눈을 선사했고 그 결과 그들에게 새로운 세상을 꿈꾸게 했다고 말한다. 삶은 결코 가볍지 않다. 인생의 여정은 고난하고 고단하다. 하지만 스토리는 그것을 이야기한다. 그것의 양면과 역설을 이해시킨다. 그 결과 좌절과 고통을 견딜 수 있게 해준다. 결국에 필요한 것은 스토리이다. “스토리의 세계에 들어서는 순간 모든 것이 달라진다.” 낭만주의 시인인 S. T. 콜리지의 말이다. 스토리의 목적은 사람과 그들의 삶을 보고, 듣고, 느끼고, 맛보고, 냄새를 맡도록 하는 것이다. 그러는 과정에서 상상력의 촉발은 자연스러운 과정이 될 수 있다. 시각과 청각을 통해 냄새를 맡을 수 있고 맛을 볼 수 있다는 것은 엄청난 경험이다. 그것은 정서를 자극하고 기억을 순환시키며 감정을 일깨운다. 기쁨과 슬픔을 연결시키고 삶의 의미와 허무를 연결시키기도 한다.

중국의 스피치전문가인 쉬윈송의 말처럼 "스토리가 가진 매력은 아주 특별하다." 그것은 감동을 주고 살아있음을 느끼게 한다. 그것은 또 나와 타인을 연결시켜준다. 이로써 이야기를 짓는 것은 자신을 위한 일이기도 하고 타인을 위한 일이기도 하다. 『소유』의 저자 A.S. 바이어트는 다음과 같이 말한다. "이야기를 짓는 것은 숨쉬고 피가 순환하는 것처럼 자연스런 일이다." 『서밍업』의 작가 서머셋 모옴은 자신이 "글을 쓰기 시작한 것은 그것이 세상에서 가장 자연스러운 일처럼 느껴졌기 때문이다"라고 말한다. 마르그리트 뒤라스는 그녀의 에세이 「글」에서 "쓰다. 내 삶을 채운, 그리고 내 삶을 매혹시킨 유일한 것. 나는 그것을 했다. 쓰기는 단 한 순간도 날 떠나지 않았다."고 말한다. 그러면서 그녀는 고독의 필요성을 강조한다. 그녀에게 글쓰기는 고독 없이는 결코 완성되지 않는 외로운 작업이다. 그러기에 작가는 언제나 주변 사람들과 분리되어야 하며 고독해야 하는 것이다. 그녀는 자신이 처음 고독 속에 칩거하게 되었을 때 비로소 글쓰기를 시작할 수 있었다고 말한다. 그리고 그때부터 글쓰기는 늘 실제의 고독과 연결되었다. 폴 오스터 역시 창작활동과 관련해서 고립과 고독의 중요성을 강조한다. 그는 『고독의 발명』에서 고독과 고립이 작가의 글쓰기 과정에서 필연적으로 수반되는 상황임을 이야기하고 있다. 그에 따르면 창작은 정신적으로도 고독한 시간을 가져야 되는 동시에 물리적으로도 자신을 고립시켜야 가능한 것이다.

「필경사 바틀비」에서의 바틀비처럼 절대적인 고립과 절대적인 고독의 전제가 필요하다. 하지만 그러한 고립과 고독에서 만들어진 스토리는 삶의 진실을 알게 한다. 그리고 나와 타인을 연결시켜준다.

제 2 장
코로나바이러스 시대, 문학과 글쓰기

2.1 코로나바이러스 시대, 문학과 글쓰기

사라 쿨렌은 「코로나 시대의 문학: 소설속의 팬데믹」이란 칼럼에서 페스트를 다루는 문학을 개괄한다. 먼저 대니얼 디포우의 『역병의 해 일지』가 있다. 이는 1655년 런던을 휩쓴 선페스트를 바탕으로 한 기록이다. 작품에서 화자는 역병으로 괴멸된 가가호호를 방문해서 죽음의 처참한 상황을 포착한다. 그런데 이는 그 당시 역병을 사실 그대로 정리한 사무엘 페피스의 과학적인 일지보다 더 사실적이다. '더 사실적이라는 느낌을 준다.' 이 말이 더 정확할 듯하다. 그런데 그것은 디포우가 보이는 사실에 감정을 주었기 때문이다. 그러기에 감정에 호소할 수 있고 감동을 유발하기도 한다. 이렇듯 마음을 움직이는 것, 그것이 바로 문학이 지니는 힘이다. 메리 셸리의 『최후의 인간』도 역병과 관계된다. 대니얼 디포우가 『로빈슨 크루소』로 더 유명하다면 그녀는 『프랑켄슈타인』으로 더 유명할 것이다. 여하튼 『최후의 인간』은 선페스트로 인한 종말적인 세상이 배경이다. 다가올 미래를 다룬 소설로 시대는 21세기 말엽이다. 코로나바이러스가 창궐하는 지금과 멀지 않다. 화자는 라이오넬 버니이고 최후의 생존자이다. 따라서 혼자 살아남은 그는 외롭게 묘사된다. 그는 역병으로 인한 인류의 종말을 목격했다. 그런데 버니가 만나는 허구적 인물들은 실제 인물에서 착안한 것이다. 작가인 메리에게 자극이 된 그들은 P. B. 셸리와 바이런 등이었다. 셸리와 바이런은 모두 당대 최고의 시인이었고 낭만주의를 대표하는 문인들로 평가받는다. 그리고 메리 셸리라는 이름에서 알 수 있듯 P. B. 셸리는 그녀의 남편이 된다. 바이런 역시 어느 시기 셸리와 더불어 거의 매일 매일을 함께한 무척이나 가까운 사이였다. 그렇지만 셸리는 이탈리아 여행을 마치고 돌아오던 도중 토스카나 리보르노 앞바다에서 만 30세가 되기 전 익사하고 그로부터 채 2년이 되지 않아 바이런 또한 생을 마감한다. 누구는 그를 추방된 자라고 부르고 또 누구는 그를 자발적인 망명자라고 부르지만 어쨌든 그는 타국인 그리스에서 죽었다. 그러니 작품에서 역병에 의해 '그들'을 잃은 버니는 그야말로 애끊는 심경이었을 것이다. 이렇게 해서 『최후의 인간』에는 작가인 메리의 실제적 심경이 투영되었고 실제로도 그렇게 묘사된다. 그러기에 작품을 읽는 독자도 먹먹해지는 심장을 경험한다. 어딘가에서 미묘한 동요가 일어난다. 발길이 닿지 않던 마음속의 어디에서이다. 일단 시작되자 미세했던 그것은 건잡을 수 없는 엄청난 소용돌이로 확대된다. 이처럼 감정이 이입된 그리고 감정을 이입시키는 문학은 '삶의 실체적인 반영'이다. 그러기에 그것은 감동을 주며 진실한 것이다.

"소설가의 역할은 진실을 드러내는 것이다."『블랙 프린스』의 작가 아이리스 머독의 말이다. 그녀는 진실은 그 자체로 도덕이자 종교만큼 신성한 것이라고 말한 바 있다. 1997년도 노벨문학상 수상자인 조세 사라마고의『눈먼 자들의 도시』또한 역병에 관한 것이다. 작품의 배경은 이름 없는 한 도시이고 사람들은 눈이 먼다. 팬데믹이긴 하지만 질병의 원인이 정확히 밝혀지지는 않는다. 정체가 불분명한 바이러스로 인한 전염된 세상은 아포칼립스의 세계를 연상시킨다. 2020년 한 해는 온전히 코로나19가 지배한 시기였다. 많은 사람이 희생되었고 지금도 진행 중이다. 불편과 불안의 시기이다. 세계는 고립되고 개인은 고독하다. 도시는 봉쇄되고 국경은 폐쇄되었다. 희망이 사라지며 믿음이 옅어진다. 곤란과 궁핍의 시대이고 고통과 혼란이 가중되고 있다. 그런데 이미 많은 작가가 이러한 아노미를 예견했다. 다시 셸리를 상기하자. 그는 문학가를 예언가라 말했다. 과연 그렇다. 이번엔 다시 사라마고다. 그리고 다시 또 그의『눈먼 자들의 도시』이다. 작품에서 실명한 사람들은 강제로 격리된다. 갑자기 실명한 것은 신체적인 질병이다. 하지만 그들이 격리되는 곳은 정신병원이다. 그것은 실명이 유보된 사람들이 가지게 된 극단적인 공포로 인한 결과였다. 코로나바이러스로 인해 세계는 팬데믹을 선언했다. 그러자 일부는 다른 인종과 다른 나라에 책임을 돌렸다. 그들은 두려움을 극복하지 못했고 인간에 대한 예의를 잃었다. 편견이 심해지고 차별이 늘어났다. 이는 인간에 대한 이해와 사랑이 얼마나 쉽게 깨어질 수 있는가를 보여주는 우울한 실례이다. 우리의 지성과 문화 그리고 문명이 얼마나 얇고 부서지기 쉬운가를 드러내는 서글픈 사례이다. 물론 일부의 한정된 일이다. 아마도 그럴 것이다. 킴 스탠리 로빈슨 역시 팬데믹의 공포를 이야기한다. 그는 『쌀과 소금의 시대』에서 과거 팬데믹의 시대를 집중적으로 조망했다. 중세 암흑기의 선페스트는 유럽 인구의 1/3을 희생시켰다. 그런데 로빈슨은 이때 '인구의 99%가 희생되었다면' 이라는 가정에서 지금과는 사뭇 다른 모습의 서구를 상상한다. 캐나다의 마가렛 애트우드도 바이러스로 인해 균형이 깨진 불안한 시대를 조망한다. 그녀는 『오릭스와 크레이크』에서 스노우맨을 등장시킨다. 세상은 종말을 맞았고 그는 종말 전의 세계를 회상한다. 종말의 원인이 드러나는 것은 아니지만 유전자조작과 인간과 동물에 대한 무모한 실험이 원인이 된 것만은 자명하다. 로빈슨처럼 마가렛 역시 과거를 이야기한다. 스노우맨의 플래시백에 의해서이다. 메리 셸리의 『최후의 인간』과 같이 그 역시 종말 후 살아남은 최후의 일인이다. 그의 삶은 녹기 쉬운 눈이라는 이름이 내포하고 있는 것처럼 극도로 불안정하다. 제프 칼슨이 있다. 그리고 그의 『역병의 해』가 있다. 제프 칼슨 역시 역병을 이야기한다. 그러나 그것은 바이러스에 의한 것이 아니다. 생물적인 특징과는 아무런 상관이 없다. 온전히 무생물적인 특성의 역병이다. 하긴 모든 바이러스가 어느 정도는 무생물이기는 하다. 하지만 어쨌든 제프 칼슨의 역병은 나노테크놀러지와 관계된 것이고 그러기에 그것은 "기계역병"으로 불린다. 전염과 치사율은 엄청나다. 따라서 기계역병은 인간의 종말을 예견한다. 하지만 이 바이러스에도 취약점은 있다. 고고도에서는 기능이 파괴된다. 이 작품에도 생존자들은 있다. 그들은 살아남기 위해 최선을 다한다. 그들이 생존하는 방법은 지식을 활용하며 지성을 확장시키고 불굴의 정신으로 포기하지 않는 것이다. 결국 인간의 삶은 소중하고 인간의 정신은 고귀하며 인간의 생존은 숭고하다. 극소수의 생존자들은 록키마운틴과 같은 고고도의 지역으로 피신하지만 그것만으로는 여전히 불안하다. 급기야 그들은 10,000피트의 상공으로 치솟는다. 엄청난 높이의 우주공간은 버티기에도 힘든 상황이지만 그들은 살아남으며 팬데믹을 퇴치할 가능성을 모색한다. 이것은 아름다운 인간다운 인간의 모습이고 양도할 수 없는 생존의 권리이다.

카렌 러셀은 『잠의 기부』에서 "잠이 없는 전염병"에 대해 말한다. 코로나바이러스의 시대, 누군가는 잠을 잊었고 또 누군가는 잠을 빼앗겼다. 하지만 모든 사람들이 격리된 채 살아간다. 어느 순간 각 개인은 스스로의 벽을 쌓았다. 물리적인 벽이자 심리적인 벽이다. 단단한 벽에 갇혀 잠조차 불가능한 화석이 되어간다. 이러한 때 문학은 그리고 문학적 글쓰기는 그 벽을 허물어뜨리는 역할을 한다. 동시대 저널리스트인 애브힉 로이는 말한다. "문학은 우리를 먼 시대 다른 나라의 사람들과 연결시키며 그들의 비극을 공유하도록 해주며 그렇게 하는 과정에서 현재의 고통을 완화시켜주는 기능을 한다." 과연 그의 주장은 옳다. 문학은 또한 시공간을 초월해 수많은 다른 우리들의 모습을 만나게 해준다. 그러한 과정에서 우리는 결국 우리자신이 누구인가를 새롭게 인식한다. 코로나바이러스 시대, 그러기에 다시 또 문학이고 문학적 글쓰기이다.

2.2 코로나19와 문학 속의 팬데믹

메리 비어드는 「서구문학에 나타난 최초의 팬데믹」이란 에세이에서 문학에서 묘사되고 있는 최초의 팬데믹을 호머의 『일리아드』라고 말한다. 그녀는 이 글에서 팬데믹을 신이 내린 징벌로 간주한다. 트로이 전쟁이 한창일 때 트로이의 사제인 크리세이스는 자신의 딸이 돌아올 수 있게 해 달라고 아폴로 신에게 간청한다. 사제의 딸인 크리세이스는 그리스의

총사령관인 아가멤논에게 사로잡혀 노예로서 성적인 고통과 고난을 당하고 있었다. 이에 아폴로는 역병을 퍼트리고 그에 굴복한 아가멤논은 그녀를 돌려보낸다. 이렇듯 『일리아드』에서 묘사되고 있는 팬데믹은 사람의 잘못된 판단과 악한 행위에 대한 보복으로써의 기능이다.

인터넷 전용 학술잡지인 『컨버세이션』에서 첼시아 헤이쓰는 「호머로부터 스티븐 킹 작품에 나타난 팬데믹: 그것으로부터 배워야 할 것은」이란 글을 통해 다양한 문학작품에서 그려지고 있는 팬데믹을 추적한다. 에세이의 제목에서 알 수 있듯 호머의 『일리아드』는 물론 보카치오의 『데카메론』과 같은 고전에서부터 동시대 작가인 스티븐 킹의 『스탠드』 등이 주된 맥락이다. 물론 그녀가 에세이를 통해 말하고자 하는 바는 코로나19로 인해 촉발되거나 강화될 수 있는 범세계적인 인종차별이나 외국인혐오와 같은 비이성적인 광분의 위험성을 경고하기 위한 것이다. 문학이 특정한 목적을 지니는 것은 아니지만 그것을 통해 이전과는 다른 영역의 인식력을 지니게 되는 것은 충분히 가능한 일이다. 코로나19는 일상생활은 물론 경제적인 시스템이나 교육제도에 이르기까지 거의 모든 것들을 뒤흔들어 놓았다. 이러한 때에 문학은 불안한 현재를 위로하고 불확실한 미래를 대비할 수 있도록 해준다. 조반니 보카치오가 있었다. 그리고 그의 대표작인 『데카메론』이 있다. 흑사병이 돌자 젊은 여성귀족 7명과 젊은 남성 3명은 플로렌스 외곽으로 몸을 피한다. 그들은 한 빌라에 모여 각자가 이야기를 지어내고 돌아가며 들려주기로 한다. 그것은 팬데믹의 공포로부터 벗어나기 위한 절박한 마음에서 비롯된 것이었다. 고립되어 있는 동안 그들은 이야기를 짜내며 두려움을 이겨낼 수 있었다. 그들의 이야기는 사람의 도리나 사랑 그리고 성에 관한 문제에서 무역과 권력에 이르기까지 인생과 관계된 거의 모든 주제를 망라하는 것이었다. 이렇듯 그들은 이야기를 짓거나 이야기를 나누면서 삶을 이야기했고 시름을 잊었고 위안을 찾을 수 있었다. 그러면서 그들은 사회의 구조나 제도 및 개선책에 대해 그리고 급격히 바뀌는 변화와 적응에 대해 그리고 팬데믹 이후 변화될 사회나 그 사회를 이끌어갈 인간의 의식에 대해 화두를 던졌다.

영국의 메리 셸리가 있다. 19세기 낭만주의를 대표하는 시인인 P. B. 셸리의 아내였다. 그녀는 『최후의 인간』에서 종말론적인 아포칼립스의 세계를 보여준다. 라이오넬 베르니는 팬데믹으로 황폐해진 세상에서 홀로남아 목양견과 우정을 나눈다. 20세기 들어 알베르트 카뮈는 『페스트』에서 그리고 그보다 한참 후 스티븐 킹은 『스탠드』에서 모두 팬데믹의 무서움과 그에 맞서는 선한 의지의 인간의 모습을 집중 조명한다. 21세기에는 데온 메이어가 있다. 그는 『열병』에서 팬데믹으로 인해 폐허가 된 포스트 아포칼립스의 세계를 주목한다. 이 작품은 코맥 매카시의 『더 로드』와 닮아 있다. 황폐한 세상에서 아버지와 아들이 서로를 의지하며 길을 떠난다는 구도와 그 과정에서 아들의 선함이 부각된다는 점에서 두 작품은 동일하다. 그러나 무엇보다 두 작품에서 강조되고 있는 것은 희망이 없어 보이는 세상에서도 사랑은 지속되고 있으며 그 바탕에는 개인의 선함과 인간에 대한 믿음이 자리 잡고 있다는 것이다. 이를 보면 오늘날 우리가 겪고 있는 코로나19의 공포는 역사상 새로운 것이 아니며 주기적으로 찾아온 팬데믹의 또 다른 모습이다. 그것은 마치 에드거 앨런 포우의 『적사병의 가면』처럼 달갑지 않은 손님이고 가면으로 모습을 가린 바이러스의 변형이다. 하지만 코로나19는 가면을 쓴 '적사병'의 팬데믹처럼 그렇게 치명적이지는 않다. 위험하지만 그래도 이겨낼 수 있는 팬데믹이라 한다. 질병에 관련된 전문가들이 그렇게 말한다. 최소한 우리나라의 경우, 그것이 주는 공포에 비하면 대체로 잘 이겨내고 있다. 치사율도 낮게 관리된다.

코로나19 팬데믹이라는 광풍이 불자 많은 이들이 1978년의 『스탠드』를 다시 끄집어냈다. 작가인 스티븐 킹이 동시대 작가여서 더욱 그랬는지도 모른다. 어쨌든 그들은 『스탠드』에서의 팬데믹의 공포를 절감하기 시작했고 그것과 비교하며 지금의 코로나19가 가져올 공포에 좌절했다. 그러자 이제 72세의 킹은 노구에도 불구하고 서둘러 트윗을 날렸다. "아니, 아니요. 코로나바이러스는 『스탠드』의 팬데믹이 아닙니다. 그건 그렇게 치명적이지 않고, 충분히 생존할 수 있는 병입니다. 그러니 차분하게 이성적으로 안전수칙을 잘 따르도록 합시다." 문학은 팬데믹에 앞서 팬데믹을 예견했고 팬데믹이 휩쓰는 상황에서는 사랑과 우정 그리고 선함의 인간성을 유지하는 것이 얼마나 중요한 의미와 가치가 있는지를 이야기했다. 그런데 이제 그런 문학작품을 저술한 작가는 두려운 이 시기에 우리를 진정시키고 있다. 그리고 그는 삶의 철학에 대해 논하고 팬데믹과 싸워 이길 소소한 방안을 제시한다. 따라서 그의 일은 언제나 되풀이되고 언제까지나 이어진다. 지금 이 시기, 다시 또 문학이다.

2.3 코로나19에 대한 공포와 화장실 휴지에 대한 더 큰 공포에 대한 단상

코로나19로 인한 공포로 세계가 얼어붙어 있다. 모든 것이 마비되고 정지된 느낌이다. 4월이 되었고 꽃피는 봄이 왔지만 사람들의 일상은 추위와 함께 시작된 코로나바이러스 전염병으로 인해 아직도 "겨울"과 함께 있다. T. S. 엘리엇이 「황무지」에서 표현한 바 그대로 지금의 "4월은 정말로 잔인한 달이다." 그 끝이 어딘지 알 수 없기에 사람들의 마음은 여전히 혼란과 좌절감으로 경직되고 무기력하다. 모두가 그렇다. 우리나라 사람들도 그렇고 세계의 시민들도 그렇다. 우리와 그들 모두는 뜻밖의 상황을 경험했고 하루하루 힘든 시절을 버티고 있다. 그런데 사람들의 공포와 무기력 그리고 힘겨운 일상이 지속되는 이때 유독 '하나'에 대한 집착은 더욱 더 강해지고 있다. 화장실용 휴지에 대한 집착이 그렇다. 물론 다른 나라에 비해 안정된 상태를 유지하고 있는 우리나라의 경우는 다르다. 당연히 휴지에 대한 '싸움'은 일어나지 않는다. 그러나 화장실휴지를 '낚아채려는' 싸움에 한창인 나라들이 있다. 최고 수준의 선진국에서도 예외는 아니며 오히려 그런 나라들의 경우 경쟁이 더욱 치열하다. 2020년 3월 9일 CNN보도(스코티 앤드류)에 따르면 미국과 캐나다의 경우 고객들이 한 번에 살 수 있는 두루마리 휴지의 숫자를 엄격히 제한하고 있다. 영국에서는 휴지를 살 수 있는 슈퍼마켓이 급속히 줄어들고 있다. 호주에서는 휴지를 지키기 위해 가게마다 보안요원을 따로 배치해둘 정도이다. 왜 이런 현상이 일어나는가? 스티븐 테일러는 「팬데믹의 심리학」에서 이러한 현상에 대해 "극단적인 반응"이라고 주장한다. 그는 코로나19와 같은 팬데믹에 직면하면 사람들은 이성을 잃고 공포심에 '사재기panic buying' 라는 또 다른 전염병에 감염된다고 진단한다. 그들은 텅 빈 진열장을 보면서 자신들도 달려가 무엇인가를 '싹쓸이'할 필요성에 압박을 받는다. 그 마지막에 화장실 휴지가 남아있고 그들은 그것이라도 마지막으로 주워 담게 되는 것이다. 물론 이렇듯 화장실 휴지에 이르기까지 무엇이든 챙겨두고자 하는 마음은 공포로 인한 불안에서 할 수 있는 '유일한' 방법이기 때문인지도 모른다. 그런데 여기에 한 가지 덧붙이자면 그것은 아마 화장실 휴지가 '인간의 존엄성'과 밀접한 관계가 있어서일 수 있다. 일본계미국인 작가인 요시코 우치다가 있다. 그녀는 제2차 세계대전이 발발하면서 진주만공격 이후 일본계미국인들의 대대적인 수용소생활에 대한 경험담을 책으로 출판했다. 1982년 워싱턴대학 출판부에서 발행한 『사막으로의 추방』이 그것이다. 그녀는 이 책에서 '토파즈수용소' 에서 구금되었던 시절을 회고하면서 인간성이 피폐되어 가는 과정에 대해 말한다. 그녀는 수용소에서의 격리된 생활이 자신의 의지를 자유롭게 행사하지 못하면서 결국 삶과 운명을 스스로 통제하지 못하는 것이 얼마만큼 견디기 힘들고 인간을 무기력하고 우울하게 만드는가에 대해 이야기한다. 그러나 그녀는 정작 인간의 존엄성을 가장 해치는 것은 압력이나 강요에 의한 구금이나 격리가 아니라고 말한다. 수용소생활에서 생필품은 늘 부족했지만 그건 어쨌든 견뎌야 했고 또 견딜 만한 일이었다. 하지만 그녀에게 화장실 휴지의 부족은 참아내기 어려운 것이었다. 그녀는 화장실에 비치된 두루마리 휴지가 빈번히 분실되면서 해결해야 할 문제를 해결하지 못하게 되었을 때의 난감함에 대해 말한다. 그것은 텅 빈 휴지통을 바라보는 사람들로서는 인간의 존엄성이 훼손되는 순간이었고 휴지를 훔쳐간 사람들로서는 저열한 본능을 드러내는 순간이었다. 그녀는 말한다. "화장실 휴지처럼 사소한 것들을 훔쳐가는 행위와 그것의 결과가 결국은 인간성의 피폐와 존엄성을 가장 크게 훼손시키는 순간이었다." 코로나19로 인한 공포와 두려움 속에서 그들이 그토록 열망하는 화장실 휴지는 어쩌면 극한적인 상황에서도 인간의 존엄성을 지키기 위한 최소한의 자존심 때문일지도 모른다. 그렇게 생각해본다.

2.4 코로나19 시대, 신앙의 딜레마

2020.05.24. SBS NEWS는 「코로나 기세 앞 "기도 열심히 하라"… 혼돈의 아프리카」라는 제목의 내용을 방송했다. 앵커는 "코로나가 아프리카 대륙에서 무서운 기세로 퍼지고 있지만 각국의 미숙한 대응에 사태가 더욱 심각해지고 있다" 고 말하면서 카이로에 있는 특파원을 불렀다. 이에 기자는 기니와 나이지리아의 상황을 전했고 이어 탄자니아의 대통령이 제시한 대책에 대해 말했다. 그에 따르면 대통령이 제시한 대책이란 "기도를 열심히 하라는 것"이었다고 한다. 버트런드 러셀은 말한다. "이상적인 삶이란 사랑에 의해 고무되고 지식에 의해 인도되는 것이다." 그는 「나는 왜 기독교인이 아닌가?」라는 에세이에서 지식과 사랑이 무한히

확장될 수 있음을 시사한다. 그렇기 때문에 아무리 훌륭한 삶을 살아간다고 해도 더 나은 삶을 희망할 수 있다는 것이다. 그렇지만 지식이 없는 사랑이나 사랑이 없는 지식만으로는 그러한 삶이 불가능함을 강조한다. 그러면서 그는 중세시대에 발생했던 흑사병으로 알려진 페스트와 관련된 일화를 예로 든다. 페스트가 전국으로 퍼지자 성직자들은 신도들로 하여금 교회에 모여 구원의 기도를 하도록 독려했다. 하지만 회당에 몰려든 신도들 사이에서 전염병은 급속도로 퍼졌다. 러셀은 이것을 지식이 없는 사랑의 예라고 말한다.

코로나19로 전 세계가 마비된 지금 저널리스트인 존 미첨은 2020.05.07. 『뉴욕타임스』에 실린 기고문 「지나간 시절의 팬데믹」을 통해 러셀이 말하는 지식이 없는 사랑의 결과를 되짚는다. 물론 그는 역사적 사실의 실증을 바바라 터크먼에게 의존한다. 그는 터크먼의 『과거를 비추는 거울: 대재앙의 14세기』에서 1303년과 1306 7년 두 차례의 소빙하기와 이상기후 그리고 1314년의 연속된 폭우로 인한 흉년과 그 결과로 인한 기근에 관한 정보를 얻는다. 하지만 무엇보다 그는 터크먼이 1347년 10월 흑해 무역선원들로부터 시작된 흑사병이 중세를 암흑기로 만든 주범으로 묘사하고 있는 부분에 주목한다. 페스트는 무서운 병이었다. 죽음에 이르는 신속성도 무서웠지만 그 짧은 기간에 감당해야 하는 고통도 무서운 것이었다. 병에 걸리는 순간 겨드랑이와 사타구니에 달걀이나 사과만 한 크기의 검은색 몽우리가 부풀어 올랐다. 부푸는 동안은 엄청난 고통이 따르게 되는데 무르익어 터질 때면 시커먼 피나 고름이 스며 나오고 얼마 안 있어 온몸에 부스럼이 퍼지면서 피부 곳곳에는 내출혈로 인한 검붉은 종기가 생겨난다. 일단 전염이 되면 생존 시기는 불과 5일에 불과하고 정도에 따라 이틀이나 하루에 못 미치는 경우도 있었다. 그렇게 해서 당시 흑사병은 세계인구의 1/3을 죽음으로 몰아넣었다. 끔찍한 결말이었다. 하지만 병에 걸린 사람들이 겪어야 했던 고통은 죽음만큼이나 두려운 것이었다. 이탈리아 시에나의 연대기학자인 아그놀로 디 투라는 흑사병에 두려움이 심지어는 “아버지가 자식을, 아내가 남편을, 형제가 형제를 버리는 결과를 가져왔다고 기록한다. 그런데 이렇게 무서운 전염병이 어떻게 해서 진정되었는지는 아무도 모른다. 역사학자는 물론 과학자들도 마찬가지이다. 하지만 한 가지 분명한 사실은 있다. 그것은 전염병이 확산되게 된 이유에 관한 것이다. 이것은 어쩌면 페스트를 통제하게 된 방식과 서로 다른 방식에서 맞닿아 있다. 코로나19 시대에 아마도 ‘격리’는 가장 익숙한 단어일 것이다. 영어로 ‘쿼런틴quarantine’은 글자 그대로 40일 간의 유폐를 뜻한다. 사회적인 격리가 팬데믹을 예방하고 사그라들게 만드는 가장 효과적인 방법이었다. 조반니 보카치오가 있다. 그리고 그가 쓴 『데카메론』이 있다. 이 책은 10을 뜻하는 ‘Deca’라는 말에서 알 수 있듯이 젊은 남녀 열 명의 열흘 동안의 이야기이다. 이들은 페스트를 피해 인적이 없는 곳에서의 자발적인 격리를 선택했다. 반면 전염병이 돌던 초창기에 교황은 "참회의 행렬"을 허용했다. 그가 그렇게 한 이유는 아마도 '사랑'이었을 것이다. 역사학자인 바버라 터크먼이 그렇게 기록하고 저널리스트인 존 미첨이 그것을 확인한다. 교황은 팬데믹의 더 큰 희생자인 가난한 자들이 할 수 있는 것이 아무것도 없음을 가여워했다. 그는 기도를 독려했다. 참회의 기도를 책려했다. 하지만 의도한 선의는 의도하지 않은 악화로 이어졌다. 전염병은 급속도로 확산되고 확장되었다. 그리고 그 결과는 치명적이었다. 이것은 지식이 결핍된 사랑의 예였다. 신앙의 딜레마였다. 물론 이는 중세시대의 '이야기'이다.

지금은 페스트라는 팬데믹이 창궐한 지 700년이나 지났다. 과학적인 지식도 눈부시게 방대하다. 하지만 여전히 코로나19에 대한 백신과 치료제가 없는 지금 격리는 여전히 유효하다. 흑사병의 한 중간에서 페트라르카는 다음과 같은 기록을 남겼다. "지독한 고통을 겪지 않아도 되는 이후의 사람들은 얼마나 행복할 것인가." 그러면서 그는 자신의 기록이 단지 꾸며낸 "우화"처럼 받아들여지게 될 것이라고 덧붙인다. 「지나간 시절의 팬데믹」에서 미첨은 페트라르카의 이 말을 상기시킨다. 코로나19가 그때의 팬데믹처럼 사실이 되지 않으려면 철저한 지식이 필요하다. 과학이 필요하고 위생수칙이 지켜져야 한다. 그리고 무엇보다 자가 격리를 위한 사회적 거리두기가 필수적이다.

제3장

21세기 지성과 세계문화 읽기

3.1 문학 속의 성 그리고 "머리타래의 겁탈"

알렉산더 포프가 있다. 그리고 그의 『머리타래의 겁탈』이 있다. 무도회가 있고 어느 남자는 어느 여자의 머리타래를 잘라간다. 이로써 여자는 분노하고 겁탈을 당한 것이라고 고소한다. 이것이 주된 내용이다. 평자들은 이 시가 신고전주의를 대표하는 "의사영웅시" 혹은 "의사서사시"라 칭한다. 의사영웅시나 의사서사시는 말 그대로 영웅시나 서사시를 흉내낸 '가짜'라는 뜻이다. 영웅시나 서사시가 신들의 전쟁이나 국가적인 명운이 걸려 있는 엄청난 일이나 사건을 주제로 한 것이라면 이른바 가짜영웅시나 서사시는 사소하거나 시답잖은 일들을 마치 중요한 것인 양 가장해 그 참을 수 없는 터무니없음으로 인해 오히려 코믹한 효과를 만드는 것이다. 남자는 문득 여자의 머리타래에 마음이 동했고 참을 수 없었던 그는 그녀의 머리타래를 가위로 자른다. 남자는 '그깟' 머리카락이야 다시 자랄 것이고 그렇게 화낼 일이 아니라고 다독이지만 여자의 분노는 누그러들지 않는다. 그것은 그녀가 머리카락에 담긴 의미를 아주 잘 알고 있기 때문이다. 한갓 장난으로 치부했던 그 남자가 알고 있었음은 물론이다. 그녀의 머리타래는 욕망의 대상이었고 그녀를 욕망한 그는 그것을 잘라 욕망을 충족하려 했다. 「라푼젤」이 있다. 동화 속 주인공은 책 제목의 이름처럼 라푼젤이다. 동화를 바탕으로 한 디즈니사의 영화를 보면 그녀의 머리타래는 70피트에 이를 만큼 끝없이 길다. 그런데 그녀의 머리타래는 회복과 재생의 힘이 있다. 병든 자를 치료하고 죽은 자를 되살린다. 그야말로 시간을 되돌릴 수 있는 특별한 것이다. 마법의 지팡이이다. 금발이고 아름답다. 하지만 라푼젤의 머리타래는 여성성을 상징한다. 1812년 그림형제의 「라푼젤」이 처음 나오고 그 이후 다양한 버전으로 확산되어 나타났지만 상징적인 의미는 변하지 않았다. 머리타래는 은밀하면서도 공개적이다. 2억 6천만 달러가 투입되고 6년의 제작기간이 소요된 영화 「라푼젤」은 개봉 전 「탱글드」로 제목이 수정되었다. 그런데 홍보포스터를 보면 라푼젤의 긴 머리가 "탱글드"라는 제목의 의미처럼 왕자의 몸을 꽁꽁 묶고 있다. 그리고 그의 몸을 묶고 있는 그녀의 머리타래엔 "sex"라는 성적인 기호가 숨겨져 있다. 그림형제의 동화인 「라푼젤」과 이후 다양한 또 다른 버전의 「라푼젤」에서도 머리타래엔 성적인 함유가 내재한다. 성 안에 갇혀 있는 그녀를 구하기 위해 왕자는 성벽을 오른다. 이때 그가 잡고 있는 그녀의 머리타래는 그녀의 아름다움을 상징하는 성적인 주체로서의 은유이다. 그리고 그것은 그런 그녀에 대한 그의 성적인 욕망을 자극하는 대상으로서의 환유가 된다. 머리타래가 성적인 함유를 지니는 것은 이후 많은 작품을 통해서 증명된다. 19세기 중반기에 영국의 샬럿 브론테가 살았다. 그리고 그녀의 대표작인 『제인 에어』가 있다. 작품의 주인공인 제인 에어는 냉정한 숙모에 의해 기숙학교로 보내지는데 그곳의 학생들은 머리카락을 드러나게 해서는 안 된다. 탐스런 머리카락이 욕망을 자극한다는 것이다. 실제로 빅토리아조 시기에 여성의 머리타래는 육체적인 아름다움이나 성적인 욕망을 상징했다. 머리타래가 매혹적인 여성으로는 『애덤 비드』에서의 헤티 소렐이 두드러진다. 헤티는 샬럿과 비슷한 시기를 살았던 조지 엘리엇이 만들어낸 인물이다. 그녀는 애덤 비드를 두고 다이나와 경쟁하나 그리 현명하지는 못하다. 하지만 탐스런 머리타래는 그녀를 톨스토이의 안나 카레니나나 플로베르의 보바리 부인만큼이나 매력적으로 돋보이게 한다. 헤티 소렐의 머리카락은 라푼젤과는 다르게 검은색인데 이는 이후 토마스 하디가 그린 테스의 머리색이다. 19세기 말에 나온 『더버빌가의 테스』에서 테스의 검은 색 머리타래는 알렉의 욕망을 자극한다. 금발이든 흑발이든 머리타래는 성적인 함유와 연결되지만 노란색에 비해 검은색 머리카락엔 신비로움이 부가된다.

17세기 미국 보스턴을 중심으로 살고 있던 청교도들의 삶을 그리고 있는 너새니얼 호손의 『주홍글자』가 있다. 작품에서 간음을 상징하는 주홍색의 대문자 “A”를 가슴에 달고 있는 헤스터 프린이란 여인이 있다. 그리고 그녀의 검은색 머리타래는 아서 딤즈데일 목사의 억제된 욕망을 일깨운다. 1966년 진 리스는 『제인 에어』에서 힌트를 얻어 『광활한 사르가소 바다』를 출판했다. 1993년 [카리브해의 정사]로 영화화된 이 작품에서도 머리카락은 여성성과 성적인 욕망을 자극하거나 드러내는 상징으로 작용한다. 동시대 작가인 마거릿 애트우드의 『시녀 이야기』가 있다. 애트우드는 캐나다 최초의 페미니즘 작가로 평가받으며 가부장적 남성중심사회의 부조리함을 고발한다. 이 작품은 미래세계를 비관적으로 예견하는 일종의 디스토피아소설로 주인공인 오프브레드는 어느 날 한 순간에 사령관의 시녀가 되어 출산의 도구로 전락하는 비극적인 여인이다. 하지만 기숙학교에서 제인 에어가 언제나 그러했듯 그녀 역시 두건으로 머리카락을 숨겨야 한다. 임신을 위한 매 순간의 성적인 행위에서도 그러해야 했다. 그녀에게는 출산을 위한 기계적인 도구라는 강제된 역할에 충실해야 하는 의무가 부과된다. 그녀에게는 성적인 주체가 되어 욕망을 자극하는 것이 철저하게 금지된다. 그러기에 그녀의 머리타래는 언제나 흰 색의 베일로 가려진다. 머리카락에 집중되는 모든 시선을 거부해야 하기 때문이다. 드러난 머리카락은 욕망의 주체이자 대상이 되기 때문이다.

3.2 오프라 윈프리와 “가장 푸른 눈”

오프라 윈프리는 세계에서 가장 부유한 여성이 되길 꿈꿨다.[1] “가장 부유한 흑인 여성이 되고자 했다.” 『오프라 전기』에서 그녀에 대해 전한 키티 켈리의 말이다. 그리고 그녀는 실제로 그렇게 되었다. 2003년 2월 『포보스』는 세계 476명의 억만장자 대열에 그녀를 포함시켰다. 그런

[1] 오프라 윈프리는 미국에서 가장 성공한 흑인 방송인으로 자신의 이름을 거꾸로 해서 만든 《하포》라는 미디어회사를 설립했다. 키티 켈리는 『오프라 전기』에서 오프라가 어린 시절 힘든 상황에서 백인의 흰 피부를 동경했다는 점을 거론한다. 여기서 “가장 푸른 눈”은 미국 최초의 흑인여성 노벨수상자인 토니 모리슨의 『가장 푸른 눈』에서 착안한 것이다.

그녀가 가장 큰 모욕을 당했다고 분노하는 순간이 있다. 그녀는 티나 터너를 좋아했고 그녀에게 줄 선물을 사고 싶었다. 마침 프랑스 파리에 있었고 '헤르메스' 매장 앞이었다. 마감 시간이 15분쯤 지나 있었다. 하지만 매장엔 손님들이 있었기 때문에 들어갈 수 있겠다고 생각했다. 그녀는 거부당했다. 6년 후 그녀는 비슷한 경험을 하게 된다. 그녀는 어떤 부티크 진열장에 전시된 값비싼 스웨터를 보았고 매장의 벨을 눌렀다. 그러나 이때도 그녀는 입장이 거부되었다. 물론 매장의 관리자나 직원들은 그녀가 누구인지 — 더 정확히 말하면 그녀가 그렇게 부자인지 — 몰랐다. 그녀는 이를 인종차별로 보았다. 물론 이는 다분히 오프라의 개인적인 생각일 뿐이다. 그렇지만 부티크 직원이 문을 열어주지 않는 이유로 지난주 두 명의 흑인 트랜스젠더로부터 물건을 잃어버렸다고 한 말은 그녀가 그렇게 생각하기에 충분했다.

토니 모리슨이 있다. 그리고 그녀의 『가장 푸른 눈』이 있다. 이 작품에서 흑인 소녀 피콜라는 셜리 템플을 사랑한다.[2] 그녀는 흰 피부는

[2]『가장 푸른 눈』에서 흑인 소녀 피콜라는 푸른 눈의 셜리 템플을 동경한다. 그녀는 자신도

아름답고 검은 피부는 그렇지 않다고 생각한다. 백인에 대한 동경이다. 그녀는 부모로부터 받는 학대도 자신의 검은 피부와 관련지어 생각한다. 그래서 그녀는 푸른 눈을 가지길 원한다. 세상에서 가장 푸른 눈을 갈망한다. "가장 푸른 눈", 그것이라면 그녀는 사랑을 받을 수 있고 삶은 변화될 것이다. 하지만 현실은 그렇지 않다. 그녀는 상처받고 버림받고 결국 미쳐간다. 미친 그녀는 그토록 간절하게 소망했던 꿈 — 가장 푸른 눈을 가지는 것 — 이 이루어졌다고 생각한다.

오프라 윈프리는 미시시피주의 작은 시골 마을에서 사생아로 태어났다. 어머니로부터 버려졌고 청소년기에 미혼모가 되었고 태어난 아들은 몇 주 후에 죽었다. 어릴 때 할머니와 살다가 테네시주에 이발사인 아버지에게 보내졌다. 볼티모어의 WLS-TV에서 활동하다, 시카고의 A.M. Chicago에서 토크쇼를 맡게 되었고, 전미 최고의 진행자가 되었다. 그녀는 그토록 바랐던 부자가 되었고 다음으로 바랐던 배우도 되었다. 앨리스 워커의 대표작인 『컬러 퍼플』을 각색한 영화에서 소피아 역을 맡아 골든 글로브 상을 수상했고 오스카 여우조연상의 후보가 되기도 했다. 그녀는 [레이디스 홈 저널]과의 인터뷰에서 "난 위대한 배우가 되길 꿈꿔왔어요."라고 말한다. 비록 그녀가 위대한 배우로서 평가를 받진 못했지만 세계에서 가장 영향력 있는 명사 100인에 선정(2005년)되었다. 키티는 그녀 성공의 가장 큰 원인을 스토리텔링 능력에서 찾고 있다. 오프라는 성경을 읽었고 마틴 루터 킹의 연설문도 외웠고 동화책도 탐독했다. 그녀는 우물에서 물을 긷거나 소에서 우유를 짜고 구정물통을 비워야 하는 신데렐라의 이야기로 공감을 자아내고 고통에 처한

흰 피부의 아름다운 백인이 된다면 행복해질 수 있다고 믿는다. 셜리 템플은 백인으로 배우이자 가수, 무용수, 사업가, 외교관으로 당시 루스벨트 대통령이 "셜리가 있는 한 우리는 괜찮을 거다"라고 할 만큼 미국의 상징이었다.

시청자들을 위로 했다. 신데렐라가 마침내 행복해진다면 비슷한 처지의 모든 사람도 그렇게 될 수 있다는 희망을 주었다. 그녀야말로 신데렐라의 전형이었고 실제로 "오프렐라Oprah-rella"라는 별칭도 얻었다. 키티는 스토리텔링을 이용한 공감능력을 그녀의 가장 큰 성공의 요인으로 보았다. 그런 그녀도 『가장 푸른 눈』의 피콜라처럼 매일 밤마다 셜리 템플의 푸른 눈과 금발의 곱슬머리를 동경한 적이 있었다. 그녀는 바바라 월터스[3]와의 인터뷰에서 "전 백인이 되길 꿈꿨어요. 내가 자란 미시시피의 작은 마을에서는 백인 아이들이 더 사랑받았죠. 훨씬 더 많이요. 부모님들의 사랑이 대단했어요. 그래서 저도 그들과 같은 삶을 원했죠."라고 말했다. 그녀 역시 토니 모리슨의 피콜라처럼 "가장 푸른 눈"을 원했다. 하지만 오프라는 10세 무렵부터 백인이 되고자 하는 욕망을 접었다고 말한다. 그녀는 다이애나 로스를 보게 되었고 유색인종도 다이아몬드를 착용할 수 있음을 알게 되었다. "전 그 순간을 잊지 못해요. 전 다이애나 로스가 되고 싶었죠. 전 다이애나 로스가 되어야 했어요." 그때부터 그녀는 흑인의 정체성으로 꿈을 키우게 되었다. 그녀는 폭넓은 독서에 폭넓은 상상력을 가미했다. 물론 피부색에 따른 차별은 여전히 존재했다. 유명인이 되고서도 엄청난 부자가 되고서도 그러한 차이로부터 완전히 자유로울 수는 없었다. 그녀는 「프리티 우먼」의 줄리아 로버츠와 가장 친한 친구이지만 그녀처럼 "귀여운 여인"은 될 수 없었다. 그녀는 "난 흑인이고 그 자체가 변할 수는 없어."라는 평범한 진리를 받아들였고 차별과 한계를 극복했다. 스토리텔링을 활용했고 공감적인 정서를 자극했고 적극적인

---

[3]바바라 월터스는 미국의 언론인이자 방송인으로 1961년부터 1976년까지 NBC Today를 진행했다. 줄리아 로버츠는 「프리티 우먼」의 귀여운 이미지로 세계적인 스타가 되었다. 그녀는 이 영화로 1991년 골든 글로브 최우수 여우주연상을 수상했고 「에린 브로코비치」로 2001년 아카데미 최우수 여우주연상을 수상했다. 이들 모두는 백인이고 줄리아 로버츠는 오프라의 가장 친한 친구이다.

도전과 긍정적인 활동을 쉬지 않았다. 그리고 세상에서 가장 성공한 여성이 될 수 있었다. 흑인이라는 차이를 넘어 뛰어난 커리어 우먼이라는 차별을 성취할 수 있었다.

3.3 아이리스 머독의 철학적 혹은 문학적 견해

아이리스 머독은 「완전성 관념」[4] 을 집필했다. 그녀는 20세기 후반 영국의 지성을 대표하는 소설가였고 평론가였다. 『블랙 프린스』, 『바다여, 바다여』, 『잘려진 머리』, 『낭만적 합리주의자, 사르트르』 등이 잘 알려진 작품이다. 그녀는 뛰어난 철학자이기도 했다. 그녀는 옥스퍼드의 서머빌대학에서 철학과 고전문학을 전공했고 세인트앤스칼리지에서 철학을 강의했다.

그녀는 명료한 사고와 그것을 바탕으로 한 타인과의 관계를 도덕의 본질로 정의한다. 그녀는 인간의 선은 외적인 행위에서 발현되는 것이

[4]이 논문은 1962년 북웨일즈대학에서의 '발라드 매튜 강연' 을 기초로 한 것이다. 그리고 이 논문은 1970년 루틀리지 출판사에 의해 『선의 군림』에 추가되어 출판되었다.

라고 보았다. 그녀에 따르면 선의 존재는 인간과 인간 사이의 외적인 관계를 통해서 증명된다. 여기서 인간의 내면은 고려의 대상이 아니다. 그녀는 다른 사람에게 관심을 기울이는 것을 사랑으로 그리고 그것의 실행을 진실로 규정한다. 따라서 진실을 향한 그녀의 철학적 요체는 인간의 외적인 관계와 사랑으로 규정할 수 있다. 그런데 타인과의 외적인 관계가 도덕의 본질이라 한다면 언어의 발전은 그러한 관계를 통해 이루어진다. 머독은 언어가 관심의 맥락에 의존한다는 사실이 중요한 결과를 낳는다고 말한다. 언어는 우리가 생각하는 것보다 훨씬 더 특별한 것이다. — 그녀의 믿음이 그렇다. — 그것은 인간 상호 간의 관심과 관계를 통해 가다듬어지고 발전된다. 그렇게 하는 과정에서 언어는 다시 인간과 인간을 한데 묶어주는 포괄적인 역할과 상징적인 기능을 한다. 가장 복잡하면서도 정교한 상징인 인간의 존재도 언어가 없이는 불가능하다. 그러므로 그러한 언어의 기능과 그것의 중요성을 잊는다면 심각한 결과가 초래될 수 있다.

이는 머독의 경고이기도 하다. 그녀는 인문학적 문화와 과학적 문화가 동등한 가치로 논의되는 것은 바람직하지 않다고 말한다. 그녀는 당대의 문화가 인문학이 아닌 과학적인 것에 의해 주도되는 현상에 놀란다. 그것은 그녀가 문화의 기본적인 요소나 본질은 문학을 통해서 드러난다는 믿음이 있었기 때문이었다. 문학을 접하면서 인간은 비로소 타인이 처한 상황을 올바로 이해할 수 있고 그러한 상황에 대한 이타적인 공감이 가능하다. 머독은 인간의 내면은 파편화되어 있어 포착하기 어렵다고 말한다. 그것은 모나리자의 미소만큼이나 단일한 정의가 불가능하다. 하지만 문학을 통해서라면 내면의 흐름을 파악할 수 있다. 그것은 철학자의 이지적인 분석보다는 문학가의 감성적인 묘사에 의해 훨씬 더 잘 드러난다. 이는 머독이 『도덕의 지침으로서의 형이상학』에서 주장하는 핵심적인 내용이다. 과학자이기에 앞서 우리는 모두 공감의 능력이 있는 따듯한 인간이고 타인에 대해 선을 실행하며 그것을 확산시키는 도덕적인 주체이다.

언제부터인가 교육에 관한 문제가 제기되면 과학의 실용성에 대한 강조가 거의 모든 논의의 중심이 되었다. 그리고 거의 모든 정책의 방향이 되고 있다. 하지만 우리의 삶에서 과학이 어떤 역할을 하고 있는가와 어떤 위치에 있는가에 관한 논의조차 언어가 없이는 불가능하다. 다시 머독이 「완전성 관념」에서 한 말을 돌아보자. "그 어떤 과학자보다도 언어를 다루는 셰익스피어와 같은 문학가에 대해 아는 것이 중요하다. 그리고 그것은 지금까지도 그랬고 앞으로도 그럴 것이다."

3.4 아인 랜드의 철학적 혹은 문학적 견해

아인 랜드[5]는 유대인 러시아계 미국인 철학자이자 소설가이다. 대표

[5]아인 랜드는 *Fountainhead, Atlas Shrugged, We the Living, For the New Intellectual* 등의

적인 작품으로는 『파운틴헤드』와 『아틀라스: 지구를 떠받치기를 거부한 신』 등이 있고 '객관주의'라는 철학적 시스템을 발전시켰다. 그녀는 지식을 쌓기 위한 방법으로 논리의 절대성을 강조했고 비논리적 믿음과 종교는 거부했다. 그녀의 사상의 중심이 되는 객관주의는 인간의 논리적인 이성이 직관과 본능 그리고 선험적인 지식보다 우선시되는 입장이다. 그녀에 따르면, 인간의 이성을 통한 '인식론'은 인간임을 규정하는 기본적인 조건이다. 그녀는 '의식'의 진행과정에서 처음 두 단계인 '감각'과 '지각'은 인간과 동물이 공유하지만 마지막 세 번째 단계인 '개념'은 인간만의 고유한 특징이라고 『새로운 지식인을 위하여』에서 말한다. 여기서 아인 랜드는 감각은 자연스레 지각으로 이어지는 것으로 그것은 인간과 동물의 공통된 두뇌활동이라 말한다. 하지만 지각이 개념으로 이어지는 과정에서는 추상작용이 필요하고 이는 인간의 임의적인 선택으로 이루어진다. 그리고 이러한 추상의 과정 혹은 개념의 형성은 곧 이성이나 사고에 의한 과정에 의한 것이다. 동물은 감각과 지각의 과정만으로도 생존이 가능하다. 환경에 적응할 수 있으며 필요한 먹이를 구할 수 있다. 그들에게 생존은 물리적인 것에 국한되기 때문이다. 하지만 인간에게 생존이란 단지 물리적인 것에 국한되지 않는다. 인간이 살아간다는 것은 인식론적인 단계에서의 생존을 의미한다. 동물의 생존이 환경에 적응하는 수준에 머문다면 인간은 그것을 이용한다. 그러기에 인간은 그것의 조건이 어떻게 변하든 살아남을 수 있는 것이다. 동물의 경우는 그렇지 못하다. 그런데 아인 랜드는 '아틸라'[6]와 '주술사'를 인간의 이성에 해가

작품으로 20세기 뛰어난 지성인의 한 명으로 인정받는다. 하지만 그녀는 독특한 정치/철학 및 종교적인 견해로 인해 많은 비판의 대상이 되기도 했다.

[6]아틸라(406-453)는 훈족 최후의 왕이며 신의 채찍이라 불릴 정도로 동서유럽의 모든 국가를 공포에 떨게 만든 인물. 여기서 아인 랜드는 아틸라를 힘과 폭력에 의지하는 인물의 은유로 사용한다.

되는 것으로 규정한다. 그녀는 이 두 종류의 인간을 오직 감각과 지각에만 의존하는 동물들의 수준으로부터 크게 벗어나지 못한 존재로 단정한다. 아틸라는 사고와 이성이 결핍된 존재로 인식의 수준이 결코 추상적인 단계로 나아가지 못한다. 그는 이해력이 부족하며 자기 논지가 없으며 새로운 것을 알고자 하는 호기심도 없다. 그의 유일한 관심은 물리적인 힘으로 상대방을 제압하며 그가 가지고 있는 것을 빼앗아 물질적인 욕망을 채우는 일이다. 그는 창의적인 생각과는 거리가 먼 사람이다. 먹고 마시고 입고 잠자는 것에서 욕구를 충족한다. 도박과 무분별한 성에 대한 탐닉도 그가 즐기는 쾌락이다. 반면 주술사의 생존방식은 아틸라에 비해 비폭력적이다. 하지만 그는 감정을 움직여 사실을 직시하지 못하게 하며 정신을 지배한다는 점에 있어서 아틸라처럼 진실과는 거리가 먼 인물이다. 아틸라가 곤봉을 무기로 폭력에 의한 복종을 강요한 자라면 주술사는 '도덕성'이라는 영역을 선점해 그것을 무기로 활용한다. 랜드에 의하면 주술사가 활용하는 도덕성은 인간의 생각과 행동을 결정하고 통제한다. 이렇듯 인간에 대한 지배수단에 아틸라는 공포를 주술사는 죄의식을 이용했다. 이들은 권력을 유지하기 위해 서로 공모했는데 그러면서도 서로를 두려워했고 경멸했다. 아틸라는 주술사의 추상적인 원리와 원칙을 주술사는 아틸라의 물질적인 부와 육체적인 욕망을 부러워했고 무시했다. 그러나 역사에는 감각과 지각의 단계에 머문 아틸다와 주술사 이외에도 오랫동안 잊혔던 이성적인 존재인 '생산자' 도 있었다. 생산자는 지식을 이용하는 철학적인 사상가이다. 그리스 시대, 플라톤이 있었다. 그런데 그는 이성의 중요성을 강조하면서도 이데아라는 절대적인 진리를 상위의 개념으로 보았다. 따라서 논리학의 아버지인 아리스토텔레스가 인간의 의식을 이성적으로 접근한 최초의 지식인이라 할 수 있다. 아인 랜드의 견해가 그러하다.

다시 그녀의 '객관주의'이다. 랜드에게 현실은 개인의 의식과는 무관한 절대적 실재이다. 그리고 그러한 현실을 파악하기 위해 절대적으로 필요한 것은 오직 이성에 의한 방법뿐이다. 그녀는 인간이 문화인이 되고 유지되는 것은 이성적인 가치에 의해서라고 말한다. 이성에 의해 인간은 과학을 발전시킬 수 있었고 산업혁명을 이뤄냈고 민주주의 헌법이나 언어의 구조까지도 밝혀낼 수 있었다. 그리고 이 모든 것에는 아리스토텔레스의 인식론적인 원칙이 바탕이 되었다. 아인 랜드는 『새로운 지식인을 위하여』의 첫머리에서 "신지식인은 누구인가?"라는 질문에 이렇게 대답한다. "기꺼이 생각하고자 하는 사람은 누구나. 인간의 삶이 이성에 의해 인도된다는 것을 아는 사람, 자신의 삶을 소중히 생각하고 냉소적인 무기력증이라는 현대적인 절망감에 굴복 — 중세시대 잔인한 통치에 굴복했던 것처럼 — 하지 않는 사람."

제 4 장

문학적 상상력과 철학적 사유의 필요성

4.1 우리가 살고 있는 '지금', 문학적 상상력이 필요하다-마사 누스바움의 『시적 정의』에 대한 해석

마사 누스바움이 있다. 그녀는 하버드와 브라운대학의 로스쿨을 거쳐 시카고대학에서도 철학과, 신학과 등에서 법학과 윤리학 등을 강의했다.

그녀는 『시적 정의』라는 책에서 문학은 그 구조와 화법이 정치경제학 관련 텍스트의 세계관이 담아내지 못하는 삶의 의미를 포착한다는 면에서 가치가 있다고 주장한다. 그녀는 "문학이 역사보다 더 철학적이다"는 아리스토텔레스의 말을 빌어서 문학은 인간의 삶을 그대로 재현하는 데 그치지 않고 일어날 법한 개연성까지를 다루기 때문에 그 폭이 더 넓다고 말한다. 그녀는 또 '왜 다른 장르가 아니고 소설인가?' 라는 자문을 통해 "소설은 도덕적으로 심오하면서도 문화적으로 대중적이기 때문" 이라고 말한다. 그녀에 따르면, 일반적으로 문학은 그 구조와 화법에 있어 합리적인 과학적 기준을 전복시키는 욕망과 상상력을 형성하지만, 그중에서 소설은 세상을 이해하고 상상하는 방식에 있어 상대적인 우위에 있다. 그녀는 공적인 영역에서의 문학적 상상력의 필요성을 논하면서 공적인 삶을 향상시킬 수 있는 방식을 잘 제시하는 작품으로서 찰스 디킨스의 소설인 『어려운 시절』을 꼽는다. 작품에서 공리주의 경제적 시각을 대변하고 있는 그래드그라인드는 경제적인 효용에서 문학은 결코 생산적이지 않으며 쓸데없는 허상을 자극하기에 지극히 위험하고 결국은 통제되어야 할 대상으로 인식한다. 하지만 누스바움은 "문학은 경제적인 효용이라는 측면에서 충분히 생산적인 잠재력" 을 지니고 있다고 말한다. 그런데 그녀가 이 작품을 통해 강조하는 바는 문학은 무엇보다 도덕적이거나 정치적으로 사회구성원들에게 절대적인 기여를 한다는 점이다. 실제로 『시적 정의』에서 누스바움이 가장 강조하는 부분도 인간존재의 내적인 도덕적 삶이 가지는 복잡성과 정치영역에서 상상력이 발휘하는 힘에 대한 통찰력이다.

공리주의의 대변자 그래드그라인드는 사회는 '감정' 이 아닌 '이성' 을 통해 그리고 질적인 형태의 추론적 '숙고' 가 아닌 객관적인 수학적 지성의 '이론' 적이고 '계산' 적인 힘을 통해 유지되고 있다고 생각한다.

그는 "둘 더하기 둘은 넷이지 그 이상도 이하도 아니라는 원칙에 따라 살아가는 인간"이라 할 수 있다. 하지만 이런 식의 경제적 사유는 인간의 삶을 정답이 있는 간단한 수학문제처럼 지극히 단순한 것으로 축소시켜 규정짓는 서툰 해석이다. 삶은 선택에 따라 난처함과 고통이 수반되기도 하며 뒤얽힌 관계로 사랑 또한 더 이상 낭만적이거나 아름답지 못하고 죽음이라는 문제에 부딪쳐서는 두려워하고 좌절하게 되는 '압도적 질문'으로 정의될 수 있다. 따라서 인간의 삶은 순전히 심리적이고 철학적인 문제로 규정할 수 있는데, 이는 결국 도덕적인 문제로 이어진다. 그리고 여기서 도덕적인 문제라 함은 인간존재의 개별성과 내면적 깊이를 인정하고 이해하며 그것에 대해 해석하는 것이다. 따라서 문학은 공리주의적인 계산에 집중하는 맹목적인 경제학적 사유가 아니며 그것은 인간의 도덕적인 내면(양심)이라는 신비스럽고 지극히 복잡한 '핵심'을 추적한다.

『어려운 시절』에서 공리주의적 정서를 대변하는 비쩌는 인간에 대한 그 어떤 공감이나 헌신도 느끼지 못한다. 따라서 그는 "그다지 인간의 모습을 하고 있지 않다." 그런 그이기에 그는 인간의 개별성과 인간 삶의 다층적인 의미를 구별하거나 해석하지 못한다. 그는 이른바 공리주의적 교육방식으로 길러진 인물로 인간을 단지 "손과 먹고 마시는 위장을 가진 단순한 신체적 조합"으로 간주할 뿐이다. 이에 반해 슬리어리가 두 번에 걸쳐 "사람들은 즐기기도 해야 해"라고 말할 때 그것은 '인간의 삶에서 가장 소중한 부분'을 언급하는 것이다. 인간은 경제적인 효용성만을 따지면서 아침부터 저녁까지 일만 하는 그야말로 "일손들hands"이(가) 아니다. 작품의 주 무대인 곡마단이 상징하듯이, 그곳은 그리고 이 세상과 인간의 삶은 유머와 모험, 기괴함과 놀라움, 음악과 리듬 그리고 갖가지 몸짓이 포함된 공간이자 어울림이다. 세상이 이러한 공간임을 인식하는 것, 인간의 경험이 그러하다는 것을 인정하는 것, 바로 이러한 것들이 작품에서 말하는 인간의 삶에 가장 소중한 부분이 되는 것이다.

그 가장 소중한 부분을 이야기하는 것이 바로 문학이다. 문학은 인간의 감정과 밀접하다. 소설을 읽는 독자들은 작품 속에서 일어나는 일체의 공포, 비애, 연민, 분노, 기쁨, 환희, 동정과 사랑에 이끌린다. 바로 이것이다. 인간이 인간을 이해하고 공감함으로써 인간이 인간다움을 잃지 않고 인간이 인간다운 가치를 지속시켜 나가는 힘을 주는 동력, 그것은 바로 이와 같은 인간의 감정이다. 『시적 정의』에서 누스바움이 성취한 "페르마의 정리"는 이렇다.

4.2 가스통 바슐라르의 '물의 철학적 상상력'과 제임스 조이스의 '물의 문학적 상상력'

가스통 바슐라르는 저서 『물과 꿈』에서 대지를 푸르게 물들이며 쉬지 않고 흐르는 시냇물이 상상력을 자극한다고 말한다. 그는 물이 자신의 내밀한 비밀을 알고 있으며 불현듯 추억을 솟구치게도 한다고 기록한다.

그에겐 단 한 방울의 물만으로도 세상을 창조하기에 충분하다. 그것은 물이 생명체를 배태시키는 모든 존재의 기원이기 때문이다. 조지 엘리엇은 『벗겨진 베일』에서 감수성이 풍부한 주인공을 등장시킨다. 그는 졸졸대며 흐르는 시냇물을 지켜보며 기쁨을 얻는다. "난 그저 흐르는 물을 보며 즐거워했다." 그는 연초록의 수초를 씻으며 조약돌 사이로 졸졸졸 흘러가는 물의 소리를 몇 시간이고 듣는다. 그러는 사이 그의 시적인 상상력이 자극된다. 이 또한 생명체의 시작이다. 시 창작의 기원이다. 그는 물의 해설자이다. 그에 걸맞게 이름도 '래티머'(해설자를 뜻함)이다. 이 또한 문학이다. 문학적 상상력이다. 바슐라르 역시 물의 소리를 듣는다. 그는 물의 졸졸거림을 사람의 목소리로 치환한다. 그에게 물 흐름의 맑고 부드러운 소리는 아름다운 언어이자 달콤한 노래이다.[1]

크리스토프 말로도 페네이오스 강물의 소리를 인간의 언어로 인식한다. 그는 파우스트를 통해 "물결이 사람처럼 조잘대는 것 같다."라고 말한다. 『파우스트』의 제2부 제2막 '페네이오스 강' 편에서의 시행이다. 바슐라르는 이 부분을 인용하며 물의 언어와 인간의 언어 사이에 연속성을 강조한다. "물과 언어가 구분될 수 없다." 그에게 물의 소리와 인간의 언어는 '유동성'으로 연결되고 있다. 이것이 『물과 꿈』에서 다루고자 했던 바슐라르의 물에 대한 철학이다. 그는 유동성을 지닌 물은 무의식 깊이 스며들어 상상력을 자극한다고 믿는다. 그에게 "물은 열려 있는 상상력의 거울"이고 창의력의 원류가 된다.

20세기 모더니즘의 거장 제임스 조이스가 있다. 물의 흐름을 닮아 여전히 "진행 중인 작품"[2]이 있다. 『피네간의 경야』가 그것이다. 이 작품의

---

[1]바슐라르는 육아실에서 아이들 특유의 졸졸(glou-glou)거리는 소리를 시냇물의 졸졸거리는 소리와 등치시킨다. 맑고 신선한 졸졸거림의 소리는 어린아이들의 밝고 순수한 말의 은유가 된다.

[2]제임스 조이스는 그의 마지막 작품인 *Finnegans Wake*를 최종완성하기 전 "진행 중인

제1권 제8장인 「애너 리비아 플루라벨」 장에서는 아일랜드의 더블린을 관통하며 흐르는 리피 강이 중심이다. 그 강을 사이에 두고 빨래터의 두 아낙이 애너에 관한 소문을 주고받는다. 그런데 그들은 밤이 되면 나무와 돌로 변했다가도 낮이면 다시 여인으로 돌아오기를 반복한다. 이는 오비디우스의 신화를 다룬 『변신 이야기』에 대한 차용이다. 그는 죽음을 생명의 단절이 아닌 형태를 바꾸며 계속되는 변신의 순환구조로 파악했다. 여인들의 대화는 리피 강의 흐름소리와 뒤섞인다. "물과 언어가 구분되지 않는다." 그들의 대화 속 애너는 다산과 연관된다. 삶의 지속이다. 화술의 주체가 바뀐다. 애너는 머리를 감기 시작하고 그러는 사이 그녀의 몸은 강물과 하나가 된다. 물질로의 변신이다. "애너Anna"와 "리비아Livia" 모두가 그 자체로 강의 이름인 것을 고려하면 그녀가 강이 되어 흐르는 것은 아주 자연스럽다. 물에 대한 조이스의 문학적 상상력이다.

바슐라르는 "물은 시의 언어처럼 원활하게 움직인다."라고 했다. "물의 유동적인 흐름은 언어와 닮았고 결국 물의 언어는 그 자체로 하나의 시라 할 수 있다." 그렇다면 강이 된 애너의 흐름도 언어이자 시이다. 조이스는 『피네간의 경야』에서 600개 이상의 강을 응축해 놓았다. "이 작품은 그야말로 커다란 강이 되어 흘러가는 것 같다." 조이스 자신의 말이다. 그의 이 말은 바슐라르가 『물과 꿈』에서 언급한 프랑소와 라블레를 상기시킨다. 프랑소와 라블레는 『가르강튀아와 팡타그뤼엘』에서

작품"이란 의미의 *Work in Progress*로 연재를 시작한다. 그런데 이 작품은 형식과 내용에 있어 시작과 끝이 있어 하나로 종결되는 작품이 아닌 시작과 끝 서로 연결(『피네간의 경야』는 "river runs"라는 불완전한 어법으로 시작해 역시 불완전한 어법인 "the"로 끝난다. 시작이 끝이고 끝이 다시 시작이 된다. 사실 작품의 제목에서 Finnegan도 "fin/끝"과 "again/새로운 시작"의 합성어이다.)되고 영원히 순환되는 이른바 물 흐름의 열린 텍스트이다.

가르강튀아 거인의 방뇨에서 유래한 수많은 강을 나열한다. 강물의 흐름은 생명이고 언어이고 이야기이고 문학이다. "물과 언어는 구분할 수 없다."

4.3 '아브라함'에 대한 해석- 소설가 주제 사라마구와 철학자 쇠렌 키르케고르의 입장

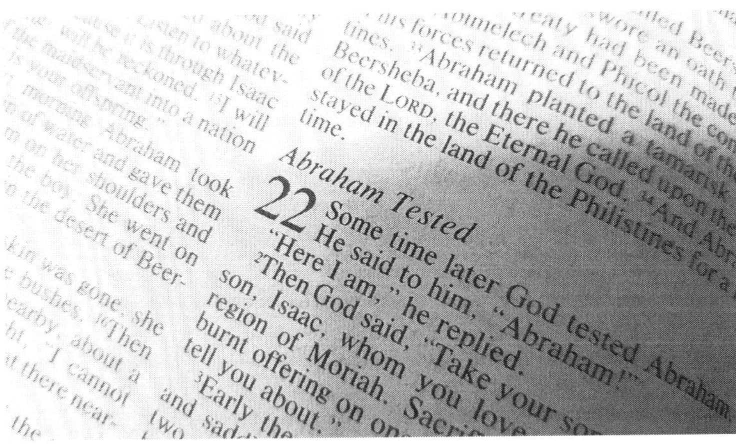

「창세기」, 22장 2절: 하나님이 말씀하셨다. "너의 아들, 네가 사랑하는 외아들 이삭을 데리고 모리야 땅으로 가거라. 내가 너에게 일러주는 산에서 그를 번제물로 바쳐라." 22장 9~10절: 9 "그들이, 하나님이 말씀하신 그곳에 이르러서, 아브라함은 거기에 제단을 쌓고, 제단 위에 장작을 벌려 놓았다." 10 "그는 손에 칼을 들고서, 아들을 잡으려고 하였다."[3]

---

[3] [성경전서: 대한성서공회, 2001]

소설가 주제 사라마구는 『카인』에서 성서(『구약전서』) 제1편 「창세기」의 "시험받는 아브라함"에 주목한다. 그는 화자인 카인을 대변인으로 아브라함에 관한 입장을 피력한다. "하나님은 아브라함을 시험하기 위해 아들인 이삭을 죽이라고 명령했지요, 하나님이 자신을 믿는 사람을 신뢰하지 않는데, 왜 사람들이 하나님을 신뢰해야 하는지 나는 정말 모르겠습니다." 「창세기」, 4장 1~16에 따르면, 카인은 아담과 하와의 장남으로 동생인 아벨을 죽이고 그로 인해 영원히 떠돌아다니는 벌을 받는 인물이다. 사라마구는 『카인』에서 카인이 아벨을 죽인 이유에 대해 해석한다. 아벨이 하나님으로부터 인정을 받지 못하는 형을 조롱했고 그 순간 이성을 잃은 카인은 나귀 턱뼈로 동생을 내리쳐 끔찍한 결과를 초래했다는 것이다. 물론 이는 소설가 사라마구의 '허구적' 해석이다. 그는 성서를 재해석하며 카인과 같은 악인에게도 정상참작의 여지를 마련해준다. 그는 하나님에게는 애초 그들의 제물을 차별한 것이 살인 동기의 원인이었다고 항변한다. 이 작품은 이렇게 시작된다. 그리고 사라마구는 문학적인 상상력을 동원해 소돔과 고모라, 욥의 수난, 노아의 방주 등 구약에서의 내용에 시비를 건다. 그는 성서의 다시 쓰기로 신학적인 해석과 대립하는 자기만의 해석에 몰입한다. 카인을 매개로 한 그의 대립은 다분히 인간적인 인식의 한계에 의한 것이다. 따라서 성서의 문학적인 재현의 스토리텔링을 기대한 독자들에겐 다소 충격적일 수 있다. 사라마구는 특히 이삭에 대한 아브라함의 행위에 적대적이다.

「창세기」, 22장 11~12절: 그때 주님의 천사가 하늘에서 "아브라함아, 아브라함아!" 하고 그를 불렀다. 아브라함이 대답하였다. "예, 여기 있습니다." 천사가 말하였다. "그 아이에게 손을 대지 말아라! 그 아이에게 아무 일도 하지 말아라! 네가 너의 아들, 너의 외아들까지도 나에게 아끼지 아니하니, 네가 하나님을 두려워하는 줄을 내가 이제 알았다."

성서에서는 아브라함이 아들인 이삭을 제물로 바치려는 찰나 주님의 지시를 받은 천사가 개입한다. 그는 하나님에 대한 아브라함의 믿음의 진정성을 인정하며 이삭 대신에 수풀 속에서 나뭇가지에 뿔이 걸려 움직이지 못하고 있는 숫양을 가리키며 그것을 번제물로 바치라고 말한다. 하지만 『카인』에서 사라마구는 이 상황을 다시 쓴다. “무슨 짓을 하는 거냐, 이 몹쓸 놈아, 자기 아들을 죽이고, 그 아이를 태우려는 거냐.” 이는 아브라함이 아이를 제물로 바치기 위해 칼을 뽑자 카인이 개입하며 하는 말이다. 사라마구는 죽음의 공포를 직접 경험한 아들인 이삭에게 목소리를 부여한다. “아버지, 제가 아버지에게 무슨 짓을 했기에, 아버지는 저를, 아버지의 유일한 아들을 죽이려고 했나요.” 하나님의 시험 때문이었다고 대답하는 아브라함에게 아들은 대항한다. “도대체 무슨 하나님이 아버지더러 자기 아들을 죽이라고 명령합니까.” 카인도 이에 대해 항의하자 천사들은 하나님의 방식은 불가사의해서 자기들도 그 마음을 헤아릴 수는 없다고 말한다. “하지만 하나님은 유리창처럼 맑고 투명해야지요, 형상적인 공포와 두려움의 분위기를 조성하는데 에너지를 낭비하지 말아야 합니다. 한마디로 하나님은 우리를 사랑하지 않아요.” 카인의 말이다. 아무런 망설임도 없는 아브라함의 행위는 윤리적인 입장에서는 용서받기 힘든 범죄이다. 사라마구는 인간의 윤리적 실존을 강조하며 아브라함의 비도덕을 비난하고 성서의 불가해성에 대해 포괄적 의문을 제기한다.

철학자 쇠렌 키르케고르는 『두려움과 떨림』에서 윤리적 실존의 문제를 다룬다. 이 책에서는 아브라함의 이야기를 통하여 이삭을 제물로 바치라는 하나님의 명령에 아브라함의 즉각적인 반응을 심리적, 윤리적, 종교적 분석을 시도한다. 인간적인 관점에서 볼 때 아브라함의 행위는 반인륜적이며 이해할 수 없는 범죄이다. 『카인』에서 사라마구는 아브라함의 행위를 어떠한 고통과 고뇌도 없는 맹목적인 추종으로 보았다. 하지만 키르케고르는 아브라함의 인간적인 고뇌와 고통을 설명하며 그를 변호한다. 키르케고르는 아브라함에게 끌려가던 이삭은 살려달라고 간청했지만 거부되자 하나님을 찾으며 기도했고 그런 그의 모습에 아브라함은 기쁨을 얻었다고 말한다. "하늘에 계신 주 하나님, 감사드리옵나이다. 아들이 당신에 대한 믿음을 잃는 것보다 나를 괴물로 믿는 편이 훨씬 더 낫습니다." 하지만 이삭을 제물로 바치려는 찰나 하나님의 다급한 명으로 행위를 멈춘 아브라함은 아들과 함께 집으로 돌아온다. 그런데 이 부분에서 키르케고르는 아브라함을 심리적으로 분석한다. 그는 그 날 이후 아브라함이 늙은이가 되었다고 말한다. 그에 따르면 아브라함은 하나님이 내린 명령을 어길 수는 없었지만 잊을 수 또한 없었다는 것이다. 이삭은 전과 같이 잘 자란다. 물론 이는 하나님의 의지가 개입되어서 가능한 일이다. 그러나 그 날 이후 아브라함의 눈은 점점 더 어두워졌고 더 이상의 기쁨을 볼 수 없었다(사라마구의 경우 아브라함의 행동은 이삭에게 영원한 트라우마를 안긴다). 이는 아브라함의 심리를 추적하는 키르케고르의 윤리적 분석이다. 이로써 그는 아브라함이 인간이었음을 변호해준다. 키르케고르는 아브라함의 행위를 그가 인간의 윤리적인 의무를 무한히 체념하고 하나님과의 절대적인 관계 속으로 들어간 것이라고 말한다. 그에 따르면 아브라함은 자신을 제약하는 윤리적 의무를 뛰어넘어 절대자에 대한 절대적인 믿음으로 하나님 앞에 나선 것이다. 이는 윤리적 실존으로부터 한 단계 넘어선 행동이다.

온전한 믿음은 모든 객관성과 보편성을 초월하는 것으로 이성의 한계를 넘어 초월적인 지평에서만 가능한 것이다. 아브라함은 온전한 믿음을 지니고 있었다. 그는 인간의 이성으로는 이해할 수 없을지라도 하나님에겐 분명 더 깊은 뜻이 있을 거라는 확고한 믿음이 있었다. 이삭도 자신의 소유가 아닌 하나님의 것이었다. 따라서 그는 이삭을 바칠 결심을 할 수 있다. 키르케고르는 이 순간 아브라함이 인간의 윤리적 실존을 벗어났다고 말한다. 키르케고르는 아브라함의 행위를 비합리적인 신앙의 비약으로 칭하며 그의 행위는 너무나도 높은 경지의 것이어서 뭇사람들은 "두려움과 떨림"[4] 을 경험하게 된다고 말한다.

4.4 문득, 장 자크 루소를 떠올리며

한국인재연구원에서 조사한 바에 따르면, 대학에 진학하는 가장 큰 이유는 '좋은 직장을 얻기 위해서' 라고 한다. 이것을 '남들이 가니까' 처럼 뚜렷한 목적이 없는 것보다는 나은 대답이라 할 수 있을까? 댄 베레트는 「대학교육의 목적이 바뀐 날」이라는 글에서 언제부터인가 대학에 가는 목적이 좋은 직장을 얻기 위한 것이 됐다고 말한 바 있다. 몇 년 전 미국의 오바마 대통령도 비슷한 이야기를 한 적이 있다. 그는 사람들이 미술사 학위보다는 실용적인 기술을 가지는 것이 돈을 더 벌 수 있다고 말했다.

[4]문학가 프란츠 카프카는 쇠렌 키르케고르의 열렬한 독자였다. 키르케고르에 대해 카프카가 관심을 갖는 것도 신앙에 대한 그의 탐구였다. 므나헴 푸어에 따르면 그들 모두를 하나로 모으는 것은 이삭을 죽이려 했던 아브라함의 행동에 관한 이론이다. 그들 모두는 아브라함의 행동을 "황당하다(터무니없음)" 로 표현한다. 하지만 "황당하다" 는 표현에 대해 카프카는 키르케고르의 입장과 다르다. 키르케고르가 "황당하다" 라고 말하는 것은 종교적인 믿음과 이성(윤리)이 양립할 수 없음을 지칭하기 위한 말이다. 이는 종교적 실존의 문제이다. 키르케고르가 생각하는 하나님과 인간의 관계는 순전히 개별적인 것이다. 그러기에 아브라함은 "황당한" 일을 함으로써 세상 사람들과는 고립되고 독자적인 세계로 들어가는 것이다. 그의 이러한 행위는 뭇사람들이 다다르기엔 너무도 높은 경지의 것이어서 그들에게는 "두려움과 떨림" 을 유발시킨다. 이에 반해 카프카는 아브라함의 행동이 괴물처럼 "황당하다" 는 입장이다. 카프카는 하나님과 인간이 본질적으로 동일할 수 없고 둘 사이에는 영원히 메워질 수 없는 심연이나 간극이 존재하는데 아브라함의 경우 그것이 연결될 수 있다고 착각했다고 말한다.

그는 이 말 때문에 엄청난 비난에 직면해야 했는데, 그것은 교육의 목적이 단순히 돈을 더 벌기 위한 수단으로 인식될 것에 대한 사람들의 우려 때문이었다. 그렇다면 지금 이 시점에 '대학 교육의 목적이 무엇일까?' 그리고 '대학교육은 어떠해야 하는가?"라는 문제를 다시 고심해보지 않을 수 없다.

누군가에게 대학은 아름다운 교정에서 한가로운 캠퍼스라이프를 즐길 수 있는 낭만적인 곳이거나 다양한 배경을 가진 수없이 많은 사람을 만나면서 다채로운 관계를 형성할 수 있는 공간일 수 있다. 그렇더라도 대학은 전문적인 지식을 습득하는 곳이다. 대학은 기존 지식을 단순히 전수해서 지금 당장 활용하는 것에 그치는 곳이 아니라 미래를 위해 새로운 지식을 창출하는 곳이기도 하다. 하지만 존스 홉킨스 대학의 초대 총장이었던 대니얼 코이트 길먼의 주장대로, 대학은 결코 지식의 향상이나 학업성취만을 위한 장소여서는 안 되며 인성을 갈고 닦는 곳이

돼야 한다. 그의 이 말은 교육의 목적에는 분석적 지성뿐 아니라 윤리적 지성이 포함돼야 한다는 의미다.

컬럼비아대학교의 앤드루 델반코 교수는 이를 좀 더 구체화하여 대학은 과거에 대한 이해를 통해 현재를 회의적으로 파악하고, 서로 무관해 보이는 현상들을 하나로 연결하고, 과학과 예술에 대한 수준 높은 식견을 바탕으로 자연계를 이해할 수 있도록 하는 능력과 타인의 입장에서 생각하는 배려와 윤리적 책임의식을 교육시키는 곳이어야 한다고 말한다. 대학에 입학하는 학생들은 다양한 경험을 할 거라 기대하지만 어느 순간 취업을 위한 각종 스펙만 쌓도록 하는 현실에 당혹해한다. 취업률이 대학경쟁력에 기준이 되는 오늘날의 현실에서는 실상 대학이나 그곳의 교수들조차 대학교육의 목적을 종종 잊게 되는 경우가 있다. 하지만 대학의 어원이 모든 지식이 모여 통합된 전체를 이룬다는 의미인 이상 대학교육의 목적이 지성인을 기르는 학문의 경계를 벗어나 논의돼서는 안 된다.

그렇지만 앞서 교육자들의 논의에서도 확인할 수 있듯이 대학은 단지 전문적인 지식인만을 양성하는 교육에 몰두해서도 안 된다. 대학은 창의적인 인재를 키워내지만 동시에 타인을 이해하고 배려하는 인간을 배출시켜야 한다. 인간은 생각하는 존재이고 그러한 생각은 다시 말과 글을 통해 지식으로 전수되며 또 누군가의 지성을 자극한다. 이는 창의적 사고의 밑거름이다. 이것이 가장 활성화돼야 하는 곳이 바로 대학이다. 그리고 이 모든 과정에서는 인간에 대한 이해와 공감이 선행돼야 한다. 결국 지식도 인간을 위한 것이기 때문이다. 그리고 다문화 시대인 요즘 사람과 사람에 대한 이해는 더욱 절실한 필요조건이다.

이에 우리나라의 거의 모든 대학에서 학생들의 창의적 사고를 길러주고 올바른 인성을 갖춘 인재를 배출해내기 위한 융·복합 교육에 관심을 기울이기 시작했다. 융·복합 교육이란 학제 간·학문 간의 장벽을 허물고 개별성과 다양성을 동시에 추구하며 자유로운 사고와 지식을 함양한다는 목적이지만 무엇보다 인간애를 바탕으로 한 감상적·감성적 체험을 중시하는 방식이다. 사람에 대한 예의는 어느덧 머나먼 과거의 유물이고 때때로 낡고 헤진 넝마처럼 보이기도 한다. 하지만 그러기에 더더욱 우리는 인간의 가치를 소중히 여기는 교육이 절실하다. 대학에서의 융·복합 교육의 주된 목적은 복합적인 능력을 가진 인재를 양성하는 것이다. 그러나 우리대학에서 그보다 더 중요한 목적은 인간의 인간다움을 잃지 않도록 하는 문화감성교육이 돼야 한다.

"교육의 목적은 기계를 만드는 것이 아니라 인간을 만드는 데 있다." 장 자크 루소의 말이다.

4.5 "고전문학"과 정전 그리고 "클래식문학"과 정전

2020년 3월 30일자 『뉴욕타임스』 기사에서 드 레옹 기자는 문학에서의 '정전'이 무엇을 의미하는지 정의를 재정의한다. 기사는 극작가이자 영화제작가인 캐슬린 콜린스의 『끝없는 시련의 타인종간 사랑』이 나오게 된 배경과 작품대한 반응과 평가로 시작한다. 콜린스의 단편이 하나의 모음집으로 묶여 작품으로 완성되기까지는 그녀의 딸인 니나 로레즈의 역할이 지대했다. 그런데 이는 어느 특정한 작가나 그와 관계된 사람들의 한정된 노력에 힘입은 특별하거나 일회적인 경향은 아니다. 드 레옹 기자는 "콜린스의 부흥은 지금까지 주변인이었거나 역사에서 잊힌 작가들의 작품이 최근 재조명되고 발매되고 있는 추세의 한 흐름"이라고 주장한다. 하지만 각광이나 인정을 받지 못했던 인물들의 작품들이 연속적으로 발굴되고 출판되는 추세는 분명 특기할 만한 일이다. 기자는 클로드 맥케이의 『마르세이유에서의 로망스』나 조라 닐 허스턴의 『바로쿤』을 그러한 작품의 예로 든다. 앤 페트리의 『스트리트』 역시 이러한 추세에서 재발간된 작품이라 할 수 있다. 이것이 중요한 이유는 이들 작품들이 단순히 출판이나 재출판되어서가 아니라 이른바 '고전작품'들을 주로 취급했던 출판사에서 발행되었다는 점에서 그렇다. 그리고 그들 작품들에 못지 않게 일반적이거나 전문적인 독자들에 의해서 충분한 호평을 받고 있다는 점에서 더욱 그렇다.

드 레옹은 이처럼 한때는 비주류로 비켜나 있던 작가들이나 작품들이 주류 문단에 합류하거나 '클래식문학'의 정전으로 인정받게 된 상황을 세 가지 측면에서 분석한다. 그것은 첫째, 가족이나 판권의 소유자들이 주변인으로 밀려나 있거나 잊힌 작가들의 작품을 되살려보겠다는 강한 의지가 발현되었기 때문이다. 둘째는 출판계에서 작품 선정에 절대적이었던 편집장 등의 리더십이 완전히 변화되었다는 점이다. 마지막으로는 익히 알려져 있지 않은 작가와 그들의 작품들을 읽고자 하는 오늘날 독자들의 적극적인 성향 때문이다. 세계문학의 정전을 주도하는 출판사는 미국의 펭귄(랜덤 하우스)이고 이 출판사는 그동안 호머로부터 마르쿠스 아우렐리우스 그리고 제임스 조이스나 조지엘리엇과 같은 그야말로 백인 주류나 그들에 의한 '고전작품'의 맥을 이끌어왔다. 그런데 펭귄출판사의 방향이 완전히 바뀌었다. 그리고 그 중심엔 엘다 로토어가 있다. 그녀는 편집장으로 14년간 펭귄을 이끌면서 '고전작품'의 정의를 새롭게 했다. 그녀는 주변인의 목소리를 담아내고 주류가 아닌 비주류작가들의 작품들에 더 큰 관심을 기울이며 아낌없이 투자하고 출판하는 일에 전념한다. 그런 노력의 일환으로 그녀는 '펭귄바이터시리즈'의 대표목록으로 샐럿 퍼킨스 길먼의 『노란 벽지』를 내세운다. 그녀는 앞으로의 고전은 찰스 디킨스나 에밀리 브론테 혹은 제인 오스틴 등의 작품들이 대표하지는 않을 것이라고 말한다. 로토어와 함께 『마르세이유에서의 로망스』를 공동 편집한 워싱턴 대학의 영문학 교수인 윌리엄 맥스웰은 그녀가 추구하는 문학의 방향이 고전에 대한 유럽(백인)중심적인 의식을 탈피한 것으로 해석한다. 로토어는 고전의 틀을 아시아계나 아프리카계미국인이나 카리브해 출신의 작가들에게까지 확대하고 확장시키려는 생각이다. 뿐만 아니라 장르의 한계도 파괴하여 환상이나 공포소설 및 사이언스소설에 이르기까지 지평을 넓힐 계획이다. 그렇다면 이는 더 이상 '고전문학'에 대한 정의가 지금까지와는 다른 식으로 재정립되어야 할 필요가 생긴다. 다시 말해, 이제부터 고전문학은 더 이상의 '고전문학'이 아닌 범세계적, 범인종/민족적, 범장르적인 '클래식문학'으로의 정의가 그것이다. 그것은 어쩌면 '신고전문학'이라고 지칭되어도 좋을 법하다. 새로운 개념의 정전이다. 맥스웰 교수는 말한다. "시간의 흐름에 따라 다양한 층위의 정전이 존재할 수 있습니다. 정전은 더 이상 신으로부터 내려온 절대적인 개념이 아닙니다. 그것은 사회학적인 측면에서 규정되어야 합니다."

사실이 그렇다. 그리고 현재의 추세가 실제로 그렇다.

제 5 장

영미문화의 작고 새로운 해석

5.1 다이애나 왕세자비는 샤넬구두를 신지 않았다

영국의 패션잡지인 『마리 끌레르』는 20세기 패션 스타일의 아이콘이라 할 수 있는 다이애나 왕세자비가 샤넬구두를 신지 않았다는 기사를 내었다. 2020년 4월 2일자 내용이다. 그러면서 거기엔 아주 슬픈 사연이 있다고 말한다. 기사에 따르면, 다이애나는 '지미 추' 로부터 '크리스찬 디올' 에 이르기까지 수많은 클래식디자이너의 브랜드를 애용한 것으로 유명하다. 샤넬도 그녀가 애정을 가진 브랜드였다. 하지만 그녀는 찰스 윈저와 이혼을 한 뒤로는 샤넬을 멀리했다. 디자이너 제이슨 브런슨은 '하퍼스 바자'와의 인터뷰에서 1996년 당시 다이애나와 있었던 일을 회고한다. 그는 다이애나가 샤넬구두를 신지 않은 이유를 "더블C로고" 때문이었다고 말한다. 그는 다이애나가 호주를 여행하고 있을 때 그녀의 스타일링을 돕고 있었다. 그녀는 어떤 병원을 방문할 계획이었고 의상으로는 베르사체 정장을 입을 예정이었다. 딱 들어맞는 재킷에 펜슬스커트였다. 그에 맞는 액세서리와 구두 선택에 도움을 요청받은 그는 다소 도발적인 로고가 박힌 샤넬구두를 추천했다. 그러자 그녀는 단박에 거절했다. "난 더블C로고가 있는 구두를 신을 수 없어요." 그녀가 단호한 표정으로 말했다. 브런슨은 이유를 물었고 그가 들은 대답은 그것이 카밀라Camilla와 찰스Charles를 연상시키기 때문이라는 것이었다. 영국의 왕세자비였던 다이애나는 1992년 찰스와 헤어졌는데 그들 사이에는 카밀라 파커볼즈가 있었다. 그런데 카밀라 파커볼즈는 그녀의 이름이 아니다. 그녀의 이름은 카밀라 로즈마리 샨드이다. 그녀가 카밀라 파커볼즈가 된 것은 파커볼즈와 결혼했기 때문이다. 그렇다. 그녀는 1973년 앤드류 파커볼즈와 결혼했다. 그리고 그녀는 그와 1995년 이혼했다. 그런 다음 그녀는 찰스 윈저와 결혼했다. 1996년 다이애나와 찰스의 이혼이 정식으로 이루어진 후였다. 그래서 그녀는 콘월공작부인이 되었다. 그녀가 그런 칭호를 얻게 된 것은 두 번째 남편인 찰스가 영국의 왕세자였기 때문이다. 하지만 그녀는 여전히 카밀라 파커볼즈로 불린다. 다이애나는 언젠가 BBC와의 인터뷰에서 찰스와 헤어지게 된 이유를 설명했다. 그녀의 말은 아직도 유명하다. "이 결혼에는 세 사람이 있었어요, 그런데 그건 다소 붐비는 상황이죠." 그녀의 공식적인 직함은 웨일즈왕세자빈이었다. 그리고 그 후 다이애나 스펜서가 되었다. 그것은 그녀의 원래 이름이 다이애나 스펜서였기 때문이었다. 이름을 되찾은 그녀는 비로소 자유를 찾았다.

하지만 자유를 찾은 그녀지만 생은 짧았다. 그렇지만 많은 영국인들의 마음속에 그녀는 여전히 살아 있다. 그녀는 지금도 "국민의 왕세자비"로 불린다.

안젤라 카터가 있다. 그녀는 영국의 "마술적 사실주의"를 대표하는 작가이다. 그녀에겐 수잔나 클랩이라는 친구가 있었고 1992년 51세의 나이로 유명을 달리하기 전 그녀에게 자주 카드를 보냈다. 때로는 남편인 마크 피어스와 함께 보냈다. 수잔나의 회고에 따르면 그녀에게 왕실의 가십은 언제나 호기심을 자극하는 기쁨이었다. 1987년 그녀는 안젤라로부터 찰스왕세자와 다이애나왕세자비가 등을 맞대고 속마음을 터놓는 대사가 있는 크리스마스카드를 받는다. 카드 상단에는 "내가 이번 크리스마스에 바라는 것은…."이라는 문장이 있고 하단에는 "키스와 화해… 아니면, 다른 것!"이라고 씌어있었다. 그런데 그 가운데 사선으로 분리된 각각의 공간에는 찰스와 다이애나의 "속마음"이 기술되어 있었다. 찰스는 "비싼 것만 아니면 돼."라는 다소 한가한 반응이지만 다이애나의 그것은 절박한 것이었다. 그녀는 "이혼"을 바라고 있었다. "다이애나에게 패션은 단순한 오락이 아니었다. 그것은 어떤 메시지를 주기 위한 것이거나 또 때로는 자기방어나 공격의 무기이기도 했다. 찰스와 별거하게 된 이후로는 더더욱 그랬다." 자라 멀로이의 주장이다. 그러고 보면 공격의 대상은 찰스일 확률이 높다. 그렇더라도 "다이애나는 그와 이혼까지 원했던 것은 아니다." '로열티매거진'의 편집장인 잉그리드 시워드의 말이다. 이혼 당일에도 다이애나는 찰스 앞에서 울었다. 찰스도 그랬다고 한다. 하지만 어쨌든 그들은 이혼했다. 카밀라의 등장은 그녀에겐 위협적인 것이었다. 동화 속의 이야기는 악몽으로 변했다. 악몽에서 깨어난 후 그녀는 샤넬을 거부했다. 샤넬의 더블C로고가 가위눌림의 바로 그 "가위"를 연상시켰기 때문이다.

5.2 경마경주와 여우사냥 그리고 영국

콘월공작부인인 카밀라의 전 남편이 코로나바이러스에 감염됐다는 소식이다. 2020년 4월 2일자 UK뉴스의 레베카 테일러의 기사를 보면 그렇다. 그의 이름은 앤드류 파커볼즈이고 1970년대 앤 공주와 짧은 연애를 했다. 앤 공주는 엘리자베스 2세의 딸이고 그녀의 딸은 자라 틴달이다. 그리고 공작부인 카밀라는 찰스 윈저의 부인이다. 찰스 윈저는 앤 공주의 오빠이다. 그러니 그는 엘리자베스 2세의 아들이자 왕위계승서열 1위의 인물이다. 영국에서 그렇다는 것이다. 카밀라는 앤드류 파커볼즈의 아내였다. 오랫동안 그랬다. 1973년부터 1995년까지 그랬다. 이후 그녀는 그와 이혼했고 찰스의 아내가 되었다. 결혼 전 찰스도 이혼했다. 그의 부인은 다이애나 스펜서였다. 그녀는 결혼 후 웨일즈공작부인이라는 작위를 받았다. 하지만 이혼 후 그녀는 다시 다이애나 스펜서로 돌아갔다. 이에 대해 많은 이야기들이 있지만 지금의 주제는 아니다. 어쨌든 찰스 또한 코로나19 확진판정을 받았다. 앤드류 파커볼즈는 글로세스터셔 주의 첼튼햄/첼트넘 페스티벌에 참석했고 그때 전염되었다. 찰스도 그 축제에 참석했고 그도 전염되었다. 함께 간 카밀라는 감염증세가 없었다. 앤드류 파커볼즈 역시 그곳에 있었다. 그런데 그 역시 혼자가 아니었다. 그는 앤 공주와 함께였고 그녀의 딸인 자라 틴달도 함께 있었다. 그렇지만 그들 모녀는 팬더믹으로부터 벗어날 수 있었다. 결국 그곳에 있던 로열패밀리 중 코로나19에 전염된 사람은 찰스왕세자 한 사람뿐이었다. 물론 로열패밀리와 가까운 앤드류 파커볼즈도 확진자이기는 했다. 어쨌든 그로 인해 그의 전 부인이자 지금은 찰스의 아내가 된 카밀라는 2주간 격리된 생활을 감수해야 했다.

2020년 3월 16일 영국은 비필수적인 여행의 자제를 권고했다. 그보다 3일 전 4일간 지속되었던 첼튼햄 페스티벌은 끝이 났다. 하지만 페스티벌 기간에도 코로나19는 극성을 부렸고 그 위험성은 줄곧 경고되고 있었다. 그런데도 영국인들에게 페스티벌은 중요했고 프렛츠베리 파크에서 열리는 경마경주는 양보할 수 없는 행사였다. 첼튼햄 지방장관은 축제의 성공을 확신했다. 그는 코로나바이러스를 퇴치하기 위한 만반의 준비를 마쳤다고 호언했다. 경마경기장에 오는 손님을 위해 필요한 조치는 다 취했고 손소독제도 곳곳에 준비해 놓았다고 말했다. 그렇지만 찰스 윈저와 파커볼즈는 둘 다 감염되었고 한때 카밀라 파커볼즈였던 콘월공작부인은 격리된 생활을 강제했다. 어쩌면 그것은 최고단계의 위생수칙을 지켜달라는 관계자들의 당부를 소홀히 한 그들의 부주의 때문이었는지도 모른다. 그럴 수도 있겠다. 그럼에도 불구하고 문제는 남는다. 그것은 과연 그러한 위험성에도 페스티벌의 개최가 필요했었느냐는 것이다. 축제의 마케팅 담당자인 데이비드 잭슨은 글로세스터셔라이브의 매덜레인 리처즈와의 인터뷰에서 말한다. “이 축제 기간에 경마경주 때문에 첼튼햄을 찾거나 시청하는 사람들의 숫자는 수십만 명에 이릅니다. 결국은 돈이지요."

2014년 영국 남동부 지역의 텐더덴에 간 적이 있다. 정확히 2번 방문했다. 한 번은 텐더덴철도여행(축제의 일환으로 운행)을 경험하기 위해서였다. 텐더덴타운철도역은 1903년 문을 열었고 1954년 문을 닫았다. 그러다 1974년 다시 문을 열었다. 물론 켄트와 에섹스를 잇는 절반의 철도만 개통되었다. 하지만 그것도 페스티벌을 위한 용도로서의 기능에 머무는 듯 했다. 또 한 번은 여우사냥 때문이었다. 누군가 그곳이 여우사냥페스티벌의 지역이라고 말해주었다. 그러면서 그녀는 페스티벌에 참여했던 이야기를 해주었다. 그런데 정작 여우사냥에 관한 내용은 없었다. 단지 그곳에 모여 있던 사람들 대부분이 '바버Barber' 를 입고 있었다는 얘기가 거의 전부였다. 다소 비싼 브랜드의 옷이고 그것을 보면 소위 돈이 많은 사람들이 모였다는 것이었다. 그러자 또 다른 누군가는 덧붙였다. 그녀의 말 또한 돈에 관한 것이었다. 여우사냥에 관한 문제가 불거지자 여왕이 나섰다고 한다. 그렇지만 그녀는 찬반에 대해 직접적인 의견은 표명하지 않았다. 그랬다고 영국인들은 믿는다는 것이다. 그것도 그녀의 말이다. 그녀에 따르면, 엘리자베스 2세는 이렇게 말했다고 한다. "여우사냥은 누군가에게는 경제적인 혜택(돈)이 됩니다." 그것으로 끝이었다. 더 이상 논쟁은 지속되지 않았다. 여우사냥은 계속된다.

5.3 가이 포크스와 영국 그리고 가이 포크스의 가면

몇 해 전 서울역 광장에서 집회가 있었다. 촛불을 든 이른바 촛불집회였다. 그런데 그들 중 상당수는 가면을 쓰고 있었다. 이른바 '가이 포크스Guy Fawkes' 의 가면이었다. 2013년 11월 영국의 남동부 해변도시인 브로드스테어스에 머문 적이 있었다. 작은 도시였지만 흰 절벽과 당대

최고의 인기를 끌었던 소설가 찰스 디킨스의 흔적이 간직되어 있는 곳이었다. 11월 5일 늦은 밤 갑자기 폭발음이 들리기 시작하면서 어두운 하늘은 불꽃으로 밝게 빛났다. 그 시간이면 런던처럼 대도시조차 쥐죽은 듯 조용한 영국의 분위기를 생각하면 상당히 이례적인 일이었다. 하지만 이날만큼은 영국 전체가 엄청나게 시끄러웠다. 또 이때만큼은 그런 소음에 영국인 모두가 관대했다. 그것은 가이 포크스의 왕에 대한 암살의 시도가 실패한 것을 기념하는 날이기 때문이었다. 그는 원래 개신교도 집안에서 태어났지만 가톨릭 신자와 재혼한 어머니의 영향 등으로 이른바 가톨릭교의 수호자가 되었다. 그는 유럽으로 건너가 가톨릭국가였던 스페인을 도와 개신교국인 네덜란드에 맞서 싸운 적도 있었다. 그런데 영국국교회를 지원한 엘리자베스 1세에 이어 새롭게 왕이 된 제임스 1세 역시 가톨릭교회에 우호적이지 않았다. 가톨릭교도였던 메리여왕의 아들이 가톨릭교에 비우호적이라는 사실은 많은 이들에게 상실감을 주었다.

이에 가이 포크스는 의회건물을 폭파시켜 제임스 1세를 날려버릴 계획을 세웠다. 하지만 그의 계획은 발각되었고 의회건물 지하실에서 체포되었다. 1605년 11월 4일이었고 엄청난 양의 화약이 발견되었다. 그렇지만 그가 준비해놓은 화약은 지하실의 습기로 축축해져 실제로 폭발이 일어났을지는 의문이란다. 어쨌든 그는 반역자라는 낙인이 찍혔고 끔찍한 고초를 당한 후 잔혹하게 처형되었다. 이때부터 영국에서는 제임스 왕이 무사하게 된 11월 5일을 기념해 화약을 터뜨리는 폭죽놀이가 시작되었다. 가이 포크스의 인형이 만들어지고 그것을 이리저리 끌고 다니면서 조롱하다가 불태워버리면서 놀이는 끝난다. 그런데 폭죽을 터뜨리는 놀이가 실은 왕을 암살하고자 했던 가이 포크스의 실패를 아쉬워하는 마음에서 비롯된 것이라고 주장하는 사람들도 있다. 일종의 농이 섞인 정반대의 이론이다. 시간이 지나면서 가이 포크스는 부당한 권력과 종교적인 억압에 저항한 정의의 사도이자 힘없고 가난한 사람들을 대변한 의인이라는 이미지가 형성되었다. 이런 이미지는 2005년에 제작된 나탈리 포트만 주연의 「브이 포 벤데타」라는 영화에서도 드러난다. 영화에서는 주인공 소녀(나탈리 포트만)를 위험에서 구해주는 'V'라는 인물이 나온다. 그는 가이 포크스의 가면을 쓰고 있다. 그는 세상의 불의에 대항하고 흐트러진 질서를 바로 세우려는 그야말로 저항과 희망의 상징으로 형상화된 모습이다. 17세기 영국의 가이 포크스는 21세기가 된 지금도 가이 포크스의 가면으로 여전히 살아 있다.

5.4 테레사 메이와 치즈의 정치

엘리자베스 2세를 기리는 추도사에서 영국의 총리였던 테레사 메이는 그녀와 얽혔던 일화에 대해 말한다. 테레사 메이는 브렉시트Brexit 과정에서

곤욕을 치렀고, 결국 사임했다. 그녀는 영국 역사상 2번째 여성 총리로서 인기가 있기도 했고, 없기도 했다. 어려운 날들이 많았고, 좋은 날도 얼마간 있었다. 어쨌든 그녀는 야망이 있었고, 그러한 야망을 실현하려 노력했다. 그녀는 마가렛 대처와 같은 '철의 여인Iron Lady'이 되고 싶었다. 하지만 운이 없었다. 그녀가 성공한 정치가로 남을 확률은 미미했다. 최소한 뒤에 소개할 '그 일'이 있기 전까지는 그랬다. 그 순간 이후 그녀는 '최고'의 정치가로 기록되었다. 누군가, 더 뛰어난 정치가는 늘 있었고, 앞으로도 있을 것이다. 그렇지만 그녀보다도 더 기억되는 인물은 없었던 것 같고, 또 없을 듯하다. 여왕에 대한 테레사 메이의 추도사는 간략했고 과장된 찬사나 눈물도 없었다. 단지 밸모럴성(20세기와 21세기를 가로질러 군림했던 엘리자베스 2세가 최종 죽음의 장소로 선택한 곳, 혹자는 그녀의 이러한 결정에서 스코틀랜드와 잉글랜드/영국의 통합을 바라는 왕으로서의 욕망을 찾는다)에서 있었던 엘리자베스 2세와의 만찬에 대한 기억이었다. 자신의 실수와 여왕의 미소에 관한 회고가 다였다. 내용은 다음과 같다.

그녀는 음식이 놓인 테이블에서 치즈를 집다가 떨어뜨렸고, 당혹했고, 어찌할 줄 몰라 주저하고 망설였다. 바닥에 그대로 내버려 둘 수도 없었고, 주어서 다시 먹을 수도 없었다. 어쨌든 그녀는 떨어진 치즈를 집어 들었지만, 어색한 몸짓이었고, 민망했다. 다시 또 압도적인 문제가 그녀를 기다렸다. 주운 치즈를 접시에 놓을지 테이블에 놓을지가 혼란스러웠다. 그것을 골몰하는 사이, 누군가의 시선이 느껴졌고, 그 시선의 주인공은 바로 엘리자베스 여왕이었다. 처음부터 그녀는 여왕의 시선 속에 있었던 것이었다.

그녀는 이 순간의 상황을 다음과 같이 말한다. "무심코 여왕을 보았는데, 나를 주시하고 계셨죠. 따뜻한 미소를 띠면서요" 그리고 한 마디 더 덧붙인다. "치즈는 테이블 위에 덩그렇게 놓여져 있었어요." 그러자 보수당 노동당 할 것 없이 의원들이 모두 웃었고, 전국의 시청자들 또한 따라 웃었다. 그리고 이때, 영국은 '하나'가 되었다. (어쩌면, 이 순간 여왕의 욕망은 실현되었다). 이것이 감정의 힘이고, 감성의 필요성이고, 공감의 중요성이다. 세상의 모든 일은 사람에 의한 것이고, 사람과 사람 사이의 관계에 의한 것이며, 사람과 사람 사이의 공감에 의한 것이다. 짧은 추도사를 통해, 그리고 더 짧았던 일화를 통해 그녀는 슬픔을 웃음으로 승화시켰다. 엄숙했던 분위기를 유쾌한 웃음의 장으로 만들었다. 모든 이들은 가벼운 일상으로 돌아갈 수 있었다. 그녀는 따듯한 사람이었음을 증명했다. 무엇보다 그녀는 여왕의 인간다움을 드러나게 했다. 밸모럴성을 선택한 여왕의 욕망도 달성되었다. 그녀는 영국을 하나로 묶었다. 그녀는 영국의 상류, 중류, 하류층의 모든 사람을 하나가 되게 했고, 이로써 사람은 모두가 '똑같다'는 근원적 진리를 각인시켰다. 그녀는 감정과 감성에 호소했고, 모두의 공감을 자아냈고, 제2의 마가렛 대처가 되고자 했던, 하지만 그러지 못했던, 정치적 실패를 만회했다. 이것으로 충분했다.

5.5 스티브 잡스와 폴 오스터 그리고 우연의 포스트모더니즘

스티브 잡스가 있다. 스티브 워즈니악이 있다. 그들 모두는 "스티브"이다. 같은 이름이다. 우연이다. 1970년대 초 실리콘밸리의 Intel Corp.는 다양한 기능을 수행하도록 프로그램화된 하나의 칩chip을 개발한다. 스티브(W)는 그것에서 아이디어를 얻는다. 그는 여러 개의 칩, 전원장치, 모니터, 키보드를 하나로 결합했고 전원을 켜고 키보드를 누르자 모니터에 글자가 나타났다. 『스티브 잡스: 창의적 사고를 지닌 혁신가』의 저자 카렌 블루멘탈은 이 순간을 엄청난 발견의 '유레카'로 표현한다. 또 다른 스티브(J)도 그랬다. 그는 또 다른 스티브(W)에게 창의력을 공유하자고 제안했고 회사를 설립했고 그것을 '애플'로 정한다. 스티브 잡스의 아이디어였다. 그 이름은 단순한 생각에서 나왔다. 그는 애플 농장에 다녀오는 길이었고 그곳에서 엄청난 양의 사과를 먹었다. 달콤한 사과 향이 차에 있던 그를 여전히 자극하고 있었다. 스타벅스의 로고인 사이렌이 아름다운 여인의 매혹적인 유혹이듯이 그의 생각엔 에덴의 "애플"이라면 충분히 매력적일 것 같았다. 애플의 로고라면 사람들의 마음을 자극할 것 같았다. apple이 a로 시작되어 더 좋았다. 애플이라면 전화번호부에도 "아타리"[1]에 앞서 기재될 것이기 때문이었다. 이미지의 단순함도 좋았다. Apple II, PC의 슬로건을 보면 알 수 있다. "Simplicity is the ultimate sophistication." 즉 "가장 단순한 것이 가장 정교한 것이다." 어쨌든 회사명이 "Apple Computer"가 된 것은 사과농장방문에 의한 '우연'의 산물이었다.

다시 스티브 잡스다. 그는 모나 심슨이라는 여동생이 있었다. 그들이 처음 만난 것은 그들 모두가 20대가 되어서였다. 잡스는 27세였고 모나 심슨은 『이곳이 아닌 어디라도』라는 소설로 제법 명성을 얻고 있던 때였다. 그 후 그녀는 『평범한 사내』를 쓰게 되는데 주인공은 일에만 몰두하고 딸에겐 몹시 소홀한 실리콘밸리 기업가로 스티브 잡스가 모델이 되었다. "그는 너무나 바빠 화장실 변기 물도 내릴 시간이 없었다."로 시작되는 문장에서 알 수 있듯 그는 전혀 "평범한 사내"가 아니다. 일에만 집중하는 그야말로 "워크홀릭"이다. 그런데 여기서도 '우연'이 존재한다. 스티브는 양아버지인 "잡스"의 성을 따라 잡스라는 성을 가지게 되었고 그 의미(job: 일, 직업)처럼 일중독자가 되었다. 폴 오스터가 있다. 그는 동시대 포스트모더니즘을 대표하는 미국의 소설가이다. 그는 『레드노트북』에서 우연을 강조한다. 그는 이 산문집의 한 에피소드에서

---

[1] 세계 최초의 비디오 게임을 시작으로 아케이드 게임, PC 게임, 핀볼, 휴대용 게임기를 제조한 회사로 스티브 잡스의 첫 직장이기도 했다.

곤궁에 처했던 시기에 단비처럼 자기를 도와주었던 사람이 실제로 "설탕"이었다고 강조한다. 그토록 달콤했던 사람의 이름이 달콤한 설탕의 "슈거"였다는 우연성을 강조해서 말한다. 반면 또 다른 에피소드에서는 법률적 자문이 필요했던 시기에 찾아간 사무소의 이름이 소송과 논쟁의 '아규 앤 피브스Argue & Phibbs'였는데 법률사무소의 이름으로는 어울리는 것이었지만 공동변호사의 실제 이름이 '아규'와 '피브스'였다는 우연에 대해 이야기한다. 그는 『뉴욕3부작』에서도 삶의 불확정성과 우연에 대해 말한다. 폴 오스터에게 '우연'은 현실의 일부이다. 그는 "내가 우연에 대해 말할 때 그것은 억지논리의 욕망이 아니니다"고 주장한다. 그에게 삶은 우연과 운명으로 가득 차 있는 것으로 보인다.

다시 스티브 잡스이다. 그가 여동생인 모나를 만났을 때 그녀는 쟌달리라는 그들의 친부에 대해 말한다. 스티브는 자신을 버린 친부에 대해 미련이 없었고 보고 싶지도 않았다. 하지만 그녀와 말을 하면서 알게 된 사실은 그가 이미 친부를 만났었다는 것인데 친근하게 악수까지 한 사이였다. 그는 잡스를 찾았던 한 레스토랑의 주인이었던 것이다. 폴 오스터는 에드몽 당테스와의 인터뷰에서 "우연에 의해 필요한 것을 얻게 된다"고 말하는데 스티브 잡스는 본인의 의지 여부와 상관없이 우연에 의해 필요한 사람을 만나게 된 셈이다. 스티브는 친부와는 달리 양부인 폴 잡스는 매우 사랑했다. 그의 양부에 대한 사랑은 로렌 파월과의 사이에서 낳은 아들에게 아버지와 같은 폴이라는 이름을 그대로 지어주었다. 그런데 사실 스티브 잡스의 미들네임도 폴이다. 그렇다면 이들 모두는 다 같이 폴이다. 이름의 불확정성이고 포스트모더니즘이다. 우연을 강조한 폴 오스터의 이름도 역시 폴이다. 그런데 그의 『뉴욕3부작』의 첫 번째 에피소드인 「유리의 도시」를 보면 온통 '폴'로 가득하다. 먼저 작가의 실명인 폴 오스터가 있다. 그리고 작품 속 작가인 폴 오스터가 있고 가상의 탐정인 폴 오스터가 있으며 탐정으로 분한 폴 오스터가 있다. 모두가 폴이다. 이름의 불확정성이다. 포스터모더니즘이다. 스티브 잡스도 폴이고 폴 오스터도 폴이다. 그리고 그들과 관계된 많은 사람들(실제든 가상이든)이 모두 다 폴이다. 우연이다. 시뮬라크르의 시대이다.

제 6 장

문학과 함께하는 영국문화기행

6.1 The River Stour at Sunset

영국은 온통 물이다. 온통 개울이고 온통 강이고 온통 바다다. 그러다보니 지명도 물과 관계된 곳이 많다. 세상 모든 이가 알고 있는 옥스퍼드Oxford는 소와 양 그리고 말들이 풀을 뜯는 개울가라는 뜻이다.

영국의 대표적인 평론가였던 토마스 카알라일이 인도와도 바꾸지 않겠다고 자부한 『햄릿』과 『맥베스』의 저자인 셰익스피어가 태어나고 죽은 곳도 Stratford-upon-Avon으로 "상류에 있는 강"이란 뜻이다. 개울과 강이 있으면 다리도 있는 법이다. 캠브리지Cambridge는 캠강 위의 다리라는 말이다. 캠브리지의 30개가 넘는 College 주변엔 어림잡아 20개가 훌쩍 넘는 다리가 있다. 그리고 그중 최고는 1831년에 건설된 "한숨의 다리"라 할 수 있다. 시험 때가 되면 영국이나 우리나 학생들의 한숨소리가 나오는 것은 공통된 현상인 것 같다. 물론 St. John' s College 뒷문에는 "부엌으로 가는 다리Kitchen Bridge"가 있어 원초적인 욕망을 충족시켜준다. King' s College 맞은편엔 Queen' s College가 있고, 이곳엔 자랑거리가 있다. 바로 "수학의 다리"다. 여기엔 신화가 있다. 그것은 아이작 뉴튼이 설계했다는 것이고, 못(볼트나 너트) 하나 박지 않고 수학적/기계적 원리로만 목재다리를 구상했다는 것이다. 알 수 없는 노릇이다. 다리는 그가 세상을 떠난 후 22년이 지난 1749년에 완성되었기 때문이다. 하긴 그러기에 신화라 하고, 신화엔 의당 거짓말이라는 의미가 숨어있는 것이다.

셰익스피어는 『오셀로』에서 "존재하지 않는 것을 애써 보려 하는 것," 그것이 바로 비극의 시작이라 말하지만, 존재하지 않은 것을 존재했다고, 존재했을지도 모른다고 우기는 것이 신화이고 보면, 그리고 그러한 우김이 역사가 되는 것을 보면 세상사는 멕베스의 한탄처럼 바보들의 이야기인지도 모르겠다. 거짓이 역사가 되고 역사가 신화가 되는 아이러니의 연속이다. 하긴 역사History 또한 사실fact이 아닌 그He가 만들어낸 이야기story에 지나지 않는 것을 보면, 아니 이 어원도 진실이 아니라 그렇다고 우기는 사람들의 주장에 따른다면, 진실을 찾는다는 것은 처음부터 불가능한 일인지도 모르겠다. 그렇지만 "수학의 다리"에 대해 확실하게 말할 수 있는 사실은 못들은 단지 보이지 않을 뿐 보이지 않는 곳에서 목재들을 연결하고 있다는 것이다.

캔터베리에도 유명한 다리가 있다. 말로 극장 앞 스타우어 강을 가로지르는 아치형의 다리다. 그런데 이 다리에도 보이지 않는 무엇인가가 있다. 하지만 이번엔 못이 아니다. 숨겨진 또 하나의 다리이다. 경관이 아름다워 관광객들이 몰려드는 곳이지만, 그들이 돌아간 후 이곳은 적막하다. 수많은 사람들로 붐비지만 한 번도 자신의 모습을 보이지 못했던 잊혀진 다리처럼 쓸쓸하다.

6.2 Ducking Stool

캔터베리의 웨스트게이트 성문은 아름답다. 성문을 통과해 교회 쪽으로 70여 미터쯤 들어오면 이스트브리지 다리가 있다. 이해가 되지 않았다. 웨스트게이트 옆에 있는 다리가 이스트브리지 다리라니. "다리를 건너면

동쪽이지 않아요?" 누군가 인류학자인 에밀리가 말했다. 우린 사물이 위치한 지점을 생각하는데, 그들은 사물이 지시하는 방향을 먼저 생각하고 있었던 것이다. 그들은 눈사람도 세 덩이로 만든다. 물론 우리도 어떤 이들은 세 덩이로 만들기도 하고, 그들도 어떤 이들은 두 덩이로 만들기도 한다. 하지만 평균으로 가늠하면 우리와 그들은 차이가 난다. 어쨌든 다시 이스트브리지다. 다리를 가로질러 호스피털호스피털 건물이 있다. 이곳은 가난한 순례자들이 머물도록 마련한 임시거처이기도 했고, 가난한 자들을 돌보는 구빈원이기도 했고, 아이들을 가르치는 학교이기도 했고, 병든 자들을 돌보는 병원이기도 했고, 영혼을 구제하는 교회이기도 했다. (지금은 박물관이다.) 호스피털의 어원은 이처럼 다양하다. 하지만 지금 이야기하려는 것은 호스피털에 관한 것이 아니다. 이스트브리지 왼편엔 1500년에 지은 Old Weavers가 있다. 현재는 영국 최고의 카페로 잘 알려져 있다. 이름에서 알 수 있듯 이곳은 옷감을 짜던 저택이었다. 500년 전 당시엔 부와 권력의 상징이었고, 강 이편에 있는 세속적인 성당이었다. 하지만 이야기의 핵심은 이것도 아니다. 호스피털을 뒤로 하고 전방을 보면 강 위로 조그만 의자가 가로 놓여있다. 물고문 의자Ducking Stool이다. 강물 위에 떠 있는 이 의자는 처음엔 사소한 잡범이나 마을에서 무례한 자들을 벌주기 위한 형틀로 쓰였던 것이다. 잘못을 저지른 사람이 있으면 의자에 앉히고 물속에 빠트리고 잘못의 경중에 따라 수 초에서 수 분 동안 잠수시켜 호흡을 곤란하게 만들어 고통을 주던 이른바 고문도구였다. 고문의자는 긴 나무 끝에다 위치시켰고 그 반대쪽엔 힘을 조절할 수 있는 공간이나 손잡이를 만들어 놓아 시소나 저울처럼 움직임을 자유롭게 했다. 형틀이기는 했으나 고통보다는 창피를 주기 위한 도구였고 형벌이 끝나면 조롱이 뒤따랐다. 조롱 뒤에는 웃고 떠드는 축제가 있었는지도 모를 일이다. 하지만 중세의 이른바 암흑시대에 이르자 상황은 급변했고 험악해졌다. 물고문 의자의 기능도 급변했고 험악해졌다. 철저한 고문도구 그 이상은 아니었다. 그런데 더 잔인하고 더 비겁한 것은 오롯이 여자들만을 처벌하는 도구로 전락했다는 점이다. 미녀를 마녀로 몰아 단죄했다. 마녀로 지목된 여성들을 의자에 묶고 호흡의 한계점을 시험했다. 엄지손가락을 발끝에 묶고 물속에 빠트렸고 몰인정하게 기다렸다. 한참이 지나 꺼낸 다음 침례성수를 거부한 마녀로 몰았다. 결과는 혹독했다. 물 밖으로 나온 뒤 생명이 있으면 마녀로 낙인찍어 화형에 처했다. 마녀라는 누명을 벗는 경우도 있었다. 그러나 이 또한 별로 권장할 만한 일은 못되었다. 그것은 물 밖으로 나오기 전 호흡을 멈추는 것이었기 때문이다. 이때도 축제는 있었다. 하지만 그것은 어두운 축제였다. 두려움의 축제였다. 이제 물고문 의자는 수치의 상징이 되었다.

오리Duck와 오리새끼Ducking들은 오늘도 물고문 의자Ducking Stool에 오른다. 그리고 그들의 Ducking이 이어진다. 그들은 하루에도 수십 번, 수백 번, 그리고 수 천 번의 자맥질로 마녀가 아니었음을 증명해 보인다.

6.3 Land’s End

맥주를 시음했다. 켄터베리 맥주였다. 켄터베리 맥주는 예전부터 성당의 신부들이 만들어왔다. 한 병에 6파운드였다. 비싼 셈이다. 캐리어에 담아들고 챔버스 카페로 향한다. 카페 안은 혼잡했지만 햇살이 향기로운 창가에 2인용 테이블이 비어 있었다. 운이 좋았다. 카페라떼를 마신다. 그리고 유리창을 통해 밖을 내다본다. 유리창으로 경계된 안과 밖은 매혹적이다. 보이지만 들리지는 않는다. 투명하게 경계된 한 쪽은 차갑고 한 쪽은 따듯하다. 난 바라보고 그들은 보인다. 난 사색하고 그들은 바쁘다.

창밖의 테이블과 의자도 비어 있는 곳은 없었다. 맞은 편 백화점 진열창에 붙여 놓은 문구를 읽는다. "인생은 멋지다Life is Fabulous." 그럴 수도 있을 것이다. 적어도 그 순간 난 그러했다. 익숙한 것들과의 단절, 친숙한 사람들과의 단절이 여유로움을 줄 수 있다는 것, 낯선 것들과의 만남, 새로운 사람들과의 만남이 무한한 자유를 준다는 것이 새삼 놀라웠다.

고개를 들어 하늘을 바라본다. 가까이 성당의 첨탑이 보인다. 처음 켄터베리 성당을 보았을 땐 그 크기에 압도당했다. 그때 한 여인이 다가왔다. 샌드위치와 카푸치노가 놓인 쟁반을 들고 있었다. 그녀는 힐다라고 했다. 독일인이었다. 힐다Hilda, 재미있는 이름이었다. 힐다는 여자전사를 뜻하는 힐데가르트Hildegard에서 파생된 이름이었다. 하지만 가녀린 얼굴에서 여전사의 이미지를 찾기는 어려웠다. 안쓰러워 몇 마디를 건넸고, 그녀는 웃으면서 반응했다. 그녀는 자신의 이름대로 늘 도전적이며 새로운 곳을 개척하는 것에서 즐거움을 찾는다고 말한다. 식사 후 그녀가 갈 곳은 콘월지방이라고 말한다. 랜드엔드Land' s End가 최종목적지라고도 말한다. 나도 그랬었다고 말한다. 하지만 남겨두었다고 말하면서, 어딘가 끝에 이르면 더 이상 갈 곳이 없어 허전할 것 같아서 그랬다고 변명한다. 그러다 이 카페를 찾게 된 이유가 둘 다 같았다는 것을 알게 된다. 이 곳은 청교도였던 로버트 쿠시만이 신대륙으로 떠날 사람들을 모집해서 약정서를 만들고 미국을 개척(1621)하게 된 장소였다. 그 때문에 얼마 전 까지만 해도 Mayflower & Pilgrim Cafe였다. 힐다는 샌드위치를 남김없이 먹었다. 마지막까지 배불리 먹는 모습을 보니 문득 전사답다는 생각이 들었다. 샌드위치를 먹은 그녀에게 버스로 약 40분쯤 떨어진 곳에 샌드위치라는 이름의 기원이 된 Sandwich 마을에 가보았냐고 물어보았다. 그녀는 갑자기 놀란 눈을 하고 독일에 가기 전 꼭 들러보겠다고 말한다. 우린 헤어지면서 'See you….'라는 말은 하지 않았다. 의례적인 인사라도 다시 만날 가능성은 태양과 지구만큼 멀어보였기 때문이었다.

그녀가 멀어지자 이번엔 성당의 지붕과 뾰족한 첨탑을 바라보았다. 그 순간 하늘과 땅 사이에서 내 자신이 지워지는 느낌이 들었다. 차가운 밖에서 들어온 햇볕의 열기 때문이었는지도 모른다. 그 때 난 하나의 점이 되어 대기 중으로 사라진 것 같았다. 불현듯 끝이 다시 시작일 수 있다는 생각이 들었다.

6.4 A Man in the Darkness

켄터베리의 가을저녁은 무척이나 일찍 찾아온다. 스타벅스에서 카푸치노 그랑데를 마신다. 체스판을 닮은 작은 원형테이블 위엔 밝지 않은 작은 전구가 어두워졌음을 알린다. 일요일 오후. 사람과 사람의 생활 그리고 하나님과 인간의 삶에 대해 생각한다. 방금 전 켄터베리 성당의 신랑을

거닐었다. 956년 전 토마스 베켓이 거닐던 곳이다. 그는 헨리 2세의 친구였고, 영국 가톨릭교회의 대주교였다. 헨리 왕은 그를 의심했고, 지나가는 말로 골칫덩어리라고 하였다. "누가 이 성가신 자를 없애주겠나?" 다분히 의도된 계략이었고, 빈둥거리던 기사들은 자신들의 존재를 알릴 수 있는 좋은 기회였다. 그들은 말을 탔고 런던에서 3일을 후 켄터베리에 도착했다. 그들은 머뭇거렸다. 선술집에서 하룻밤을 묵었다. 하지만 알렉산더 포프의 말대로 "Fools rush in where angels fear to tread." 바보들은 천사들이 두려워하는 곳에 뛰어드는 법이다. 첫 번째 기사가 무딘 칼로 실패하자 나머지 세 명의 기사들이 달려들었다. 두개골이 깨졌고, 더러운 옷에서는 이louse가 쏟아져 나왔다. 그것들의 탈출은 치열했다. 그런데 그것을 본 사람들은 그가 진정 성자였음을 알았다. 그들은 그가 청빈했음을 알았고, 그때부터 켄터베리는 성지가 되었다. 그는 죽었고, 교회는 살았다. 성지가 된 그곳에 첫 번째 순례자는 다름 아닌 헨리 2

세였다. 인생은 아이러니다. 더러운 옷가지에서 기어 나온 이가 없었던들 그는 성자가 되지 못했을 수도 있다.

가랑비가 내린다. 성당내부는 어두웠고, 저녁 마지막 기도(종과 compline)이 있을 예정이었다. 들어가고픈 충동을 다음으로 미뤘다. Methodist Church에서 대주교에 관해 이야기를 나눈다. Justin Welby다. 직전엔 Rowan Williams였다. 헬렌은 그가 훌륭했다고 말한다. 나도 그의 설교를 경험했다. 난 그를 '어둠 속의 남자A Man in the Darkness'로 표현한다. 린지는 그 말이 인상적이라고 말한다. 우리 모두는 어둠 속에 있다. 어둠 속에 있었고, 어둠 속으로 돌아간다. Womb과 Tomb의 어원이 동일한 것은 필시 우연은 아닐 터이다.

배가 고프다. 세인즈베리로 가서 장을 본다. 영국과 유럽을 오고가는 코치 스테이션을 거쳐 시내로 나온다. 아이들이 줄지어 지나간다. 세련된 옷차림, 프랑스 아이들이다. 출구 쪽에 작은 매점이 있고, 매점 앞에는 투박한 자동판매기도 보인다. 구식이고 투박하다. 충분히 영국적이다. 자신을 폴란드에서 왔다고 말하는 초라한 행색의 어떤 남자가 20펜스를 구걸한다. 부탁이라기보다는 구걸이라는 느낌이 들었다. 왜 하필 20페니냐고 물으니 음료수가 먹고 싶다고 말한다. 20페니를 주었다. 하지만 돌아오면서 찜찜한 기분이 든다. 1파운드는 아니더라도 50페니는 줄 수 있었다. 얼마 후 헨리무어 기념관을 지나갈 때 또 한 사람의 구걸을 받는다. 이번엔 정말 구걸이고, 대상은 여자다. 주머니에서 동전을 꺼낸다. 손에 잡힌 동전을 다 주었다. 그렇더라도 폴란드인에게 주었던 20페니는 못내 찜찜하다. 여자에게 낭비한 관대함만으로 찜찜함은 보상이 되지 않는다. 그렇게 하루가 지나갔다.

6.5 Destination Poem

폴 오스터를 읽는다. 그의 대표작인 *The New York Trilogy*를 읽는다. 아니 정확히 그중 "The Ghost"를 읽는다. 그는 글을 쓴다. 지금 이 순간 나도 글을 쓴다. 작가는 외롭고, 글은 무겁다. 글쓴이는 언제나 존재하지만, 그는 어느 곳에도 존재하지 않는다. 그러므로 그는 그야말로 "고스트"이다. 월트 휘트먼의 뇌는 실험실 바닥에 떨어지자 산산조각이 났다. 그는 위대한 시인이었다. 그의 시는 미국인의 정체성 바로 그것이었다. 그런 그의 뇌가 조그만 부주위로 부질없는 파편이 되었고, 더 이상 아까울 것이 없는 쓰레기가 되었다. 폴 오스터는 "우연이 사실보다 더 사실 같다고 말한다. 쓰레기와 문학의 어원은 동일하다고 조이스가 말했다. 오스터는 휘트먼의 터져 뭉겨진 뇌에서 정신지체아 동생이 사용하던 외딴 방의 변기통에 들어있는 똥을 본다. 그는 위대한 작가의 뇌에서 대단한 무언가를 찾지만 그 속엔 똥 덩어리밖에 없음을 알게 된다. 비극적 정서는 연민과 공포다. 위대한 작가의 머릿속이 텅 빈 공간이라니. 연민이 느껴진다. 그리고 그러한 발견이 공포로 다가온다. 비극적 정서다. 금지된 방문을 열었을 때의 감정이다. 그 문은 푸른 수염이 감추고자 했던 방으로 통하는 비밀의 것이다. 그 방엔 똥 덩어리밖엔 없었다. 정신지체아의 유일한 산물이었다. 휘트먼의 뇌는 쓰레기가 되었다. 똥이 되었다. 똥이었다. 하지만 사르트르는 말한다. "인간이 아스팔트 위에 죽어 있는 동물과 다른 점은 고귀한 영혼이 있기 때문이다." 그가 말했는지는 불명확하다. 오랜 시간의 흐름 속에서 기억은 블랙 홀의 가장자리를 지나는 빛처럼 비틀어질 수 있기 때문이다. 시간조차 광속의 빠름 속에선 얼마든지 뒤틀어진다.

다시 사르트르다. 그에 따르면 적어도 작가의 영혼은 똥 덩어리는 아니다. 그렇더라도 결과는 마찬가지이다. 휘트먼의 뇌는 조각나 쓰레기가 되었고 똥이 되었다. 토마스 하비는 아인슈타인의 뇌를 꺼냈다. 1천 200그램. 양배추 한 포기의 무게였다. 보통 뇌보다도 작았다. 하비는 부정하고 싶었다. 아인슈타인은 천재였기 때문이다. 그는 천재의 뇌에서 보통사람과는 다른 무언가를 찾고자 했다. 하지만 아무것도 찾지 못했다. 그래서 그는 해고되었다. 그가 해고된 사유는 아무도 모르게 뇌를 꺼낸 비윤리적인 행위 때문이 아니었다. 천재의 뇌를 꺼내보고도 어떠한 성과물도 내놓지 못했기 때문이었다. 하지만 그는 할 수 없었다. 이유는 간단했다. 아무것도 없었기 때문이었다. 천재의 뇌는 그저 말라비틀어진 쓰레기였다. 똥이었다. 이제 그 똥은 말라서 조각난 돌이 되었다. 아인슈타인 자신은 이미 알고 있었다. 그래서 그는 돌stein 덩어리ein라는 이름을 가졌다. 그러고 보면 그는 시인이었음이 틀림없다. P. B. 셸리에 따르면, 시인은 예언가라 하지 않던가. T.S. 엘리엇은 말한다. "우리는 텅 빈 인간, 마른 짚으로 채워진 인간이다." 그래 그렇다. 그리고 실제로도 그렇다. 하비는 텅 빈 아인슈타인의 두개골을 마른 짚으로 채워놓았다. 그러자 그는 허수아비가 되었다. 『오즈의 마법사』에서 스케어크로 역시 짚으로 만들어진 허수아비다. 스케어크로는 겨우 이틀을 살았을 뿐이며 완전히 무지하다. 그가 바라는 것은 오직 하나, 오직 뇌이다. 하지만 그는 모른다. 뇌는 텅 빈 공간이고 쓰레기이고 똥이라는 사실을. 글을 쓰는 작가 역시 마찬가지다.

6.6 Haps and Such, Mishaps and Such

스타벅스에서 카푸치노를 마신다. 무라카미 하루키의 *Norwegian Wood*를 읽는다. 런던의 하빌출판사 판본이다. 흰 바탕에 붉은 태양 그리고 나오코. 일본에서 이 책은 원래 제 1부와 2부로 나뉘어 출간되었다. 그런데 저자는 책의 표지를 1부는 초록으로 2부는 붉은색으로 할 것을 고집했다. 단조로웠고 촌스럽기까지 했다. 하지만 하루키는 완고했고 출판사는 망했다는 심정으로 그의 말을 들어주었다. 초록은 식물들의 색이고, 자연의 색이다. 그리고 무엇보다 생명의 색이다. 하지만 하루키는 그 색에서 생명이 끝나는 차가움을 본다. 붉은 색은 동물의 색이고, 또 자연의 색이다. 그리고 무엇보다 생명이 유출되는 색이기도 하다. 하지만 하루키는 그 색에서 생명이 시작됨을 본다. 그렇더라도 내게 그녀와의 마지막은 더 이상 시작이 아닌 것 같다. 그런데도 그녀와 함께했던 기억만은 선명히 남아있다. 책상 위에 파인 글자처럼 깊이 새겨져 있다. 기억은 이상한 것이다. 기억은 사람에게 위안시키고 또 아프게 만든다. 와타나베에게 나오코가 그랬다. 와타나베는 다가갔고 나오코는 꼭 그만큼 멀어져갔다. 난 와타나베였고, 그녀는 나오코였다. 그 후 난 나 자신을 상실한 채 살아가고 있다. 와타나베는 암스테르담을 선택했고, 난 브뤼셀을 선택했다.

한 남자가 들어온다. 아까부터 그를 기다리고 있는 여자의 모습이 조급하다. 조금 후 그들의 만남은 이상한 기억으로 남게 될 것이다. 가디언지를 읽는다. 조앤 롤링의 『캐주얼 베이컨시』가 소개된다. 이는 갑작스럽게 생긴 공석이라는 뜻으로 『해리 포터』 시리즈 이래 어른을 위한 첫 소설이다. 뒤엔 노부부가 앉아 있다. 그들의 대화는 영어와 독일어가 절반씩 섞인 유포니euphony와 캐커포니cacophony의 이상한 조합이다. 앞서 들어온 남자가 앉는다. 여자가 반응한다. 미묘한 떨림이 있다. 바람이 분다. 비가 내린다. 직원들의 움직임이 빨라진다. 폐점시간이 다가오자 그들의 표정엔 생기가 돈다. 움직임이 분주하다. 하지만 음악은 계속되고 대화도 끊이지 않는다. 카푸치노를 마신다. 신문을 내려놓고 과거를 반추한다. 인생은 슬프고 매혹적이다. 인간은 외롭고 또 행복하다. 기억은 슬프지만 외로움은 기쁨을 주기도 한다. 은밀한 기쁨이다. 앨리스 워커이던가,

아니면 크리스티나 로제티였던가! 어쩌면 그 둘이 모두 그러한 기쁨을 말했는지 모르겠다. 그래 그렇게 말했다. 그렇더라도 전자는 슬펐고, 후자는 슬프지 않았다. 어쨌든 지나간 시간은 늘 아름다웠던 흔적으로만 남는다.

사람들의 운명은 거미줄처럼 얽혀있다. 그렇지만 인식 없이 살아간다. 안다고 해도 달라질 건 없다. 카푸치노를 마시며 얽힌 운명을 더듬는다. 어쩌다 운이 좋으면 시나몬 파우더를 찾을 수도 있고, 초콜릿 파우더를 찾을 수도 있다. 행운이 따른다면 헤이즐넛 파우더를 찾을 수도 있을 것이다. 언젠가 이 모두를 가져다 준 여인이 있었다. 그녀가 그랬다. 하지만 그녀의 존재만큼 행운이었던 존재가 또 있었을까? 눈앞의 여자는 그 때 그 여인을 닮았다. 나오코를 닮았다. 두 눈으로 더듬는다. 여자의 손끝이 떨린다. 맞은편 남자의 얼굴이 상기된다. 그녀가 나가고, 얼마 후 그가 나간다. 비가 내린다. 일어날 시간이 되었다. 문을 나선다. 차가운 포도에 발을 디딘다. 지나간 시간이 차갑다. 기억 속에서 그녀를 찾는다.

제 7 장
스타벅스, 21세기 글로벌 문화 아이콘

7.1 Starbucks, 그 참을 수 없는 '유혹'을 떨쳐버릴 수 없는 "타당한" 이유

스타벅스의 로고는 아름다운 여성이다. 사실 그보다 더 아름다울 수는 없다. 이유는 단순하다. 마녀니까. 미인을 찾는다면 그리스 로마신화를 더듬어야 할 것 같다. 신화에서 가장 아름다운 여인은 아프로디테, 즉 크로노스의 정액과 바다거품에서 태어난 여신인 비너스라 할 수 있다. 안데르센의 인어공주도 바다거품이 되어 사라진다. 바다거품은 영국의 백악처럼 희고 부드럽고 부서지기 쉽다. 충분히 미인의 이미지이다. 스타벅스의 창시자라 할 수 있는 하워드 슐츠는 스타벅스라는 이름이 19세기 미국의 대표적인 소설가인 멜빌의 작품에서 근거한 것이라고 말한다. Starbuck은 바로 그 멜빌의 『모비 딕』에서 커피를 즐겨 마시는 인물의 이름이다. 아합 선장과 그 일행은 "모비 딕"이라는 별칭을 가진 고래를 잡으러 항해하는데, 공교롭게도 이들이 추격하는 고래의 색깔 또한 흰색이다. 이렇듯 한 때 흰색은 유혹과 탐욕의 대상이었다. 그런데 신화의 원형인 오비디우스의 『변신 이야기』가 나오기 전에 이미 호머의 『일리아드』와 『오디세이』가 있었다. 10년 동안의 트로이Troy전쟁이 끝난 후 교활하지만 뛰어난 오디세이는 에게 해를 건너 흰 살갗의 페넬로페가 기다리는 이다카로 향한다. 하지만 그는 포세이돈의 미움을 사 또다시 10년이라는 긴 세월동안 바다 위를 떠돌게 된다. 그렇지만 흰 거품이 이는 바다엔 거품에서 만들어진 미녀들이 기다리고 있다. 그중에서 피부가 더욱 희고 더욱 더 깨끗한 요정들이 나오는데, 그들은 써시/키르케Circe와 싸이렌이다. 전자는 사람이자 물고기이고 후자는 사람이자 새이기도 한 아름다운 요정, 아니 마녀들이다. 『모비 딕』의 흰 빛깔의 고래가 그렇듯 이들의 흰 피부 뒤에도 어둠이라는 그림자가 내재해 있었다. 융이 인간의 어두운 측면을 그림자shadow라 칭한 것도 이러한 상황에 근거했던 것인지도 모른다. 써시와 사이렌은 모두 아름다운 요정의 모습이지만 흰 살갗에 숨겨진 것은 무서운 마녀의 본성이었다. 흰색은 마약과 같은 무서움이었다. 하지만 선원들은 무서움을 알면서도 매혹된다. 써시와 사이렌의 아름다움은 도무지 무시할 수 있는 정도가 아니다. 그들의 마법에 선원들은 곤욕을 치르지만 오디세이는 달랐다. 그는 욕정과 유혹에 굴복하지만 결국 그들이 줄 수 있는 쾌락을 경험한다. 스타벅스의 여인은 안데르센 동화 속 흰 거품의 인어이자 써시요 사이렌이다. 이들은 모두 유혹의 대상이다. 하나는 정열로 하나는 모습으로 그리고 또 하나는 아름다운 소리로써 유혹한다. 따라서 스타벅스 로고 속 여인은 유혹의 상징이다. 그녀는 뜨거움으로 분위기로 달콤함으로 유혹한다. 그녀는 매력적이고, 모두는 그러한 매력에 매혹된다. 누군가 커피를 악마의 유혹이라고 하지 않던가. 흰 바탕에 초록색 로고, 이는 흰 거품이 이는 초록색 바다의 이미지이다. 아니 로고만 한정해서 보면 초록색 바다 위에 흰 거품이 파도치는 모습의 이미지이다. 이 해석이 더 정확한 것 같다. 처음 스타벅스의 로고는 가슴이 그대로 드러나고 물고기 모양의 꼬리가 두 갈래로 갈라져 올라간 그야말로 적나라한 모습이었다. 많은 비난이 있었고, 두 번째 로고에서는 갈라진 꼬리 부분이 물결로 처리되고 젖가슴 역시 물결 모양의 머리타래로 가려지게 되었다. 하지만 여전히 움푹 파인 배꼽은 가려지지 않았다. 배꼽naval은 여전히 유혹의 샘omphalos이었다. 비난이 이어졌고, 추상적인 이미지가 구체적인 실재보다 더 큰 상상력을 유발시킨다는 단순한 진리가 이해되는 시기가 있었다. 이제 배꼽과 가랑이는 없어졌고 양쪽으로 구상화된 꼬리조차 물결 모양의 머리타래와 구별이 모호해졌다. 결국 노골적인 성은 사라졌다. 하지만 추상화된 이미지 속엔 유혹의 인자가 남아있고, 그러한 인자는 지금도 사람들 을 끌어들인다.

7.2 Starbucks, 그리고 조앤 롤링의 바로 그 『해리 포터』 시리즈

스타벅스 하면 으레 초록색 간판에 흰색 글자를 떠올리게 된다. 사이렌 마녀가 그려져 있는 로고의 문양도 그런 색상의 조합이다. 사이렌 마녀는

유혹을 상징한다. 과연 스타벅스의 로고는 사람들을 매혹시켜 커피숍으로 이끈다. 제주도를 가는 비행기에서 아메리카노를 마신다. 『비욘드』라는 잡지를 보니 우리나라 사람들의 47%는 스타벅스 커피에 매혹당해 있다고 한다. 탈레랑은 커피를 가리켜 지옥처럼 뜨겁고 키스처럼 달콤하다고 말한다. 과연 동화속의 무시무시한 마녀는 매력적인 여성으로 미녀였던 것 같다.

여성은 갈색으로 상징된다. 시애틀에 있는 스타벅스 1호점의 로고는 갈색이다. 흔히 보는 초록색이 아니다. 1호점답게 처음의 로고 모양 그대로를 고집하고 있다. 꼬리의 모양 또한 처음의 모습 그대로 양쪽으로 벌어져 있다. 사랑을 위해 생명을 주며 바꾼 가련한 다리의 인어공주를 연상시킨다. 영국 켄터베리시에 있는 스타벅스의 로고도 갈색이다. 그런데 정확히 말하면 여기서의 갈색은 로고가 아니라 매장외관의 색상이 그렇다. 물론 더 정확히 말하면 켄터베리 교회의 크라이스트 게이트와

벽을 맞대고 있는 스타벅스가 그렇다. 시간이 지나 초록이 주제 색상으로 스타벅스만의 아이덴티티를 만든 것에 비하면 아이러니컬하다. 이유는 있다. 영국에 기독교를 전파하기 시작한 최초의 장소이자 또한 토마스 베켓의 죽음으로 최초의 성지가 된 교회와 초록색이 어울리지 않는다는 이유에서였다고 한다. 조앤 롤링의 『해리 포터』시리즈가 영화화될 때 교회는 촬영장소를 제공하지 않았다. 마법사가 나오기 때문이었단다. 영국 최고의 대주교가 있는 곳, 이곳 켄터베리 교회는 전 세계적으로 2억 6000부 이상이 판매되고 수많은 아이들을 매료시켰던 그 책에 대해 냉정한 자세를 취했다. 그래서 그곳에 위치하게 된 이유가 궁금했다. 좀 더 정확히 말해 주제 색상까지 바꾸게 하면서 스타벅스를 그곳에 위치시킨 교회의 의도가 궁금했다. 누군가 그 답을 주었다. "오직" 스타벅스만이 그 곳의 건물세를 감당할 수 있었기 때문이란다.

7.3 Starbucks, 그곳에서의 바로 그 '일'

그 '일'은 스타벅스에서 일어났다. 이제 새로울 것도 없다. 자주 있는 일이니까. 일상적이지는 않지만 빈번하게 반복되는 불행한 일이기는 하다. 바로 인종차별에 대한 강한 의혹이다. 매번 다르지만 매번 비슷한 유형이다. 이번엔 'Aziz' 대신 'Isis'라는 잘못된 표기에서 비롯되었다. '아지즈' 는 주문했고 바리스타는 라벨에 '아이시스' 로 적었다. 미국 필라델피아의 한 매장에서 있었던 일이다. 아지즈는 분개했다. 그는 인종적인 차별을 당했다고 생각했다. 아지즈는 이름이지만 아이시스는 이름이 아니다. 이름이기는 하나 사람을 지칭하는 이름은 아니다. 그것은 이슬람국가인 이라크와 시리아를 가리키는 말이다. 아지즈는 트위터를 이용했다. 그러자 스타벅스를 향한 네티즌의 뱅공격이 시작되었다. 스타

벅스 측은 곧바로 사과했다. 문제는 이런 일이 처음이 아니며 사과 또한 처음이 아니라는 데 있다.

아지즈 하면 문득 떠오르는 소설이 있다. E.M. 포스터의 『인도로 가는 길』이다. 비평의 방식은 다양할 수 있겠으나 에드워드 사이드가 『문화와 제국주의』에서 제기한 식민주의 내지는 포스트식민주의 이론이 눈에 띈다. 작품에는 아지즈가 나온다. 그는 인도인 의사이다. 영국에서 약혼자를 만나기 위해 방문한 아델라라는 여인도 나온다. 약혼자의 이름은 로니이다. 영국인들과 나름 원만한 관계를 유지하던 아지즈는 아델라 일행과 마라바라는 동굴을 탐사한다. 그런데 작품에 묘사되는 동굴의 이미지는 어둠과 공허이다. 그곳은 수많은 터널로 이루어져 있는 복잡하고 신비로운 공간이다. 자신의 모습을 온전히 공개한 적은 단 한 번도 없다. 그들은 동굴에 들어간다. 하지만 아델라와 그녀와 함께 온 무어부인은 엄청난 혼란을 경험한다. 그녀는 아델라의 예비 시어머니이다. 무어부인은 동굴을 나와서도 그곳에서의 경험을 무섭고 불쾌한 것으로 기억한다. 그녀는 지금까지 품어 온 기독교적인 신념이 급속히 허물어지는 것을 느낀다.

기독교적 세계관은 질서가 핵심이다. 여기서 동굴은 인도의 모든 것을 상징한다. 동굴은 혼란과 무질서의 공간이며 인도의 특성을 상징한다. 따라서 기독교적 질서에 입각해 살아온 그녀에게 동굴이 혼란과 공포의 공간으로 느껴진 것은 당연하다. 아델라 역시 동굴 속 무nothingness라는 개념에 압도당하며 환각상태에 빠진다. 그녀 또한 기독교적 세계관에 입각해 살아온 여성이다. 이들이 경험한 것은 인도의 무시간적 절대성으로 이는 기독교적인 질서와는 대립되는 개념이다. 소설은 인도인과 영국인 사이의 격심한 갈등이 있고 난 후 적절한 화해가 이루어지는 것으로 마무리된다. 그렇게 끝나는 듯하다. 하지만 여기서 끝나지 않는다. 아지즈는 친구라 믿었던 한 영국인에게 말한다. 그들은 나란히 말을 타고 가는 중이다. "왜 우린 친구가 될 수 없나요?" 그러자 상대방은 "그건 자신도 원하는 바"라고 답한다. 그 순간 그들 앞에는 커다란 바위가 나타나고 그들은 다시 한 줄로 거리를 두고 가지 않으면 안 되는 상황이 된다. 작품은 이렇듯 두 나라/민족/인종 사이의 하나됨이 녹록지 않음을 암시하며 마무리된다. 뉴욕대학 심리학과 교수인 에릭 놀스는 "일부계층의 사람들은 자신의 두려움과 분노를 공개적으로 표명하지 못하고 검증되지 않은 편견으로 마음을 표출하는데 거기에는 특히 인종과 관련된 집단적 편견이 내재되어 있다고 말한다. 스타벅스 커피숍에서 있었던 '그 일'에 한정해서 보면, 다른 사람/민족/인종을 온전히 이해하고 평화롭게 공존하며 더불어 살아간다는 것이, 적어도 일부의 사람들에겐 아직은, 여전히, 이상적인 가치로만 머무르는 것 같다.

제 8 장
문학번역과 문화번역, 그리고 그 사이

8.1 '번역' 은 과연 '반역' 인가?

작가 한강은 『채식주의자』로 2016년 인터내셔널 부분 맨부커상을 수상했다. 시상식은 영국의 빅토리아 앤 앨버트 박물관에서 개최되었는데, 이 자리에서 그녀는 "저는 소설에서 톤(목소리를 담는 것, 목소리의

질감)이 가장 중요하다고 생각하는데, 데보라의 번역은 나와 똑같이 톤을 중시하는 것으로 생각되었다"라고 말했다. 그러면서 그녀는 "나는 이 책을 쓸 때 인간이란, 인간이 된다는 것은 무엇인가? 라는 질문을 하고 싶었다"면서, 데보라 스미스가 인간의 폭력과 인간의 고귀함을 그리고 싶었던 자신의 의도를 정확히 짚어내 번역했다는 점을 강조했다. 맨부커상 인터내셔널은 작가뿐만 아니라 그 작품을 번역한 번역가에게도 공히 수여되는 상이다. 한강의 칭찬에 데보라 스미스는 멋진 작품을 번역하게 되어 자신으로서도 큰 영광이었다고 화답했다. 그녀는 2016년 맨부커상을 수상한 『채식주의자』 이외에도 한강의 『소년이 온다』와 『흰』을 번역했는데, 이 중 『흰』의 번역인 *The White Book*의 경우도 다시 한 번 2018년 맨부커상 인터내셔널 부분 최종 수상후보작의 영예를 안게 되었다.

데보라 스미스는 2009년 케임브리지 영문과를 졸업했고 2010년 런던대학교 한국어 석사과정에 입학해 2015년 한국학으로 박사학위를 받은 번역가이다. 이들이 합작해 수상하게 된 맨부커상은 노벨문학상과 더불어 세계 3대 문학상으로 일컬어질 만큼 그 권위와 명성이 대단한 상으로 인정받고 있다. 따라서 우리나라 작가로서는 처음으로 한강의 수상이 결정되자 문학계 안팎으로 수많은 찬사가 이어졌다. 언론은 들떴고 사람들은 기뻐했고 노벨문학상을 예견하는 평자들도 있었다. 하지만 『채식주의자』의 영문판인 *The Vegetarian*이 소개되자 곧바로 번역에 대한 문제가 대두되었다. 주로 영문학계를 중심으로 번역가의 "미숙한" 번역에 대한 지적이 잇달았다. 가히 지적은 신랄했고 날카로웠다. 적극적이고 집요한 공격이었다. 비수처럼 예리하고 차가웠다. 그들 중 몇몇은 「번역오류 60개」라는 "친절한" 수정요구서까지 만들어 작가와 번역가는 물론 출판사까지 압박을 가했다. 급기야 개정판이 나왔으니 "더 없이 멋진 성공이었다.” 마침 필자도 영미소설시간에 *The Vegetarian*으로 강의한 적이 있다. 원어와 비교하면서 오역한 부분과 원본에 없는 내용이 추가된 부분도 있어 그러한 점을 지적했었다. 그렇지만 대체적으로 좋았고 간혹 번역된 부분이 더 좋게 느껴지는 부분도 있었다. 좋은 작품이었고 좋은 번역이었다. 아리랑 TV의 오정희 기자는 “우리말 어휘는 방대하고 의미의 유사성도 많아 낱말 각각의 미묘한 차이를 정확히 옮기는 것은 아주 어려운 작업이다”고 말하는데, 이는 비단 우리말에만 국한되지 않는다.

“번역은 반역이다”라는 말이 있다. 프랑스의 문학사회학자인 로베스 에스카르프피의 말이다. 이는 한 언어로 표현된 글을 다른 언어로 옮기는 것이 얼마나 어려운지를 나타내는 표현이다. 소설 『롤리타』의 작가로 잘 알려진 블라디미르 나보코브의 번역이 있다. 나보코브의 이 번역은 푸시킨의 「예브게니 오네긴」으로 일부 비평가들의 찬사를 받았다. 하지만 에드먼드 윌슨을 비롯한 또 다른 사람들은 원문을 글자 그대로 “정확하게” 옮긴 그의 번역을 혹평했다. 나보코브는 자신의 번역을 “원문의 정확한 문맥을” 고려한 것이라고는 주장하지만 원문의 음조에만 집중한 축어적 번역은 나무를 보고 숲은 보지 못하는 식으로 작품 전체의 흐름을 놓칠 수 있다. 이에 데보라 스미스도 『뉴욕타임스』에 소개된 한 인터뷰에서 원문에 “충실한 번역은 시대에 뒤진 방법이고 (내용을) 잘못 이해하도록 할 수 있고 (결과적으로 전혀) 도움이 되지 않는다”고 말했다. 물론 오역의 문제를 제기했던 비평가들이 모두 다 그녀가 선택한 의역의 방식을 탓했던 것은 아니다. 사실 그녀의 번역에는 원문에 전혀 존재하지 않는 문장이 덧붙여 있거나 누락된 곳이 있기도 하며 주어가 완전히 다른 문장도 존재한다. 그럼에도 불구하고 그녀의 번역은 ‘처음과 중간과 끝이 있는 하나의 완전한 작품’이었다. 다시 말해 *The Vegetarian*은 원문의 정신에 충실한 번역이었고 전체적으로 작품의 의미를 풍요롭게 확산시킨

번역이었다.

한국을 찾은 데보라 스미스 자신도 한강의 작품을 번역하면서 무엇보다 "원작의 정신에 충실하려 했고 그 다음으로 (의미)표현에 집중했다"는 점을 강조했다. 맨부커상의 심사위원장인 보이드 턴킨은 데보라 스미스의 *The Vegetarian*이 "화산처럼 강렬하면서도 멜로드라마보다 차분한 이야기의 힘을 보여주는 『채식주의자』에 버금가는 침착함과 우아함을 보여주고 있다"고 말한다. 그러나 무엇보다 *The Vegetarian*의 가장 큰 장점은 *The Vegetarian*에 대한 창의적인 해석에 있다. 실제로 번역가에게 수여하는 맨부커상은 언어의 유창함보다는 번역자의 창의성을 훨씬 더 중요시하는 상이다.

8.2 '더 좋은' 번역의 조건: 문자/축자적 번역과 창작 사이

가와바타 야스나리의 『설국』의 번역가 에드워드 사이덴스티커의 *Snow Country*는 "번역은 또 하나의 창작이다"라는 언어학적 철학이 반영된

산물이다. 이 말은 외국어를 번역한다는 것은 한 언어를 다른 언어로 문자/축자적 옮김에 그치지 않고 동시에 하나의 작품을 결이 동일한 새로운 작품으로 창조해낸다는 의미이다. 그렇다면 번역은 다른 언어로의 옮김이자 창작의 과정이기도 하고 그 결과로 빚어 완성된 산물로 볼 수 있다. 실제로 가와바타는 1968년 노벨문학상 수상연설에서 본인이 수상하게 된 것은 온전히 자신만의 능력이 아닌 사이덴스티커의 창의력이 가미되었기에 가능한 일이었다고 말한다. 그러면서 그는 수상 상금의 절반을 그에게 보냈다.

글자 그대로 번역하는 문자/축자적 번역의 단점은 옮긴 언어가 원작품의 문화적인 뉘앙스까지를 완벽하게는 아우르지 못한다는 것이다. 한국외국어대 최정화 교수(통역사)는 "번역은 언어의 중개자가 아닌 문화의 중개자"라고 말한다. 그녀는 훌륭한 번역가의 자질을 두 나라의 언어뿐만 아니라 문화나 사고방식의 차이까지를 꿰뚫고 있는 사람으로 정의한다. "설국에 대한 단상"으로 부제를 붙인 「창작으로서의 번역」에서 유숙자 교수 또한 번역가의 특성이 '이중어의 사용자' 이자 동시에 '이중문화의 체험자' 라는 점을 강조한다. 같은 맥락에서 마리앤 레더러 역시 『번역의 오늘-해석이론』에서 외국문학을 번역할 때는 창작의 단계까지는 아니더라도 글자 그대로의 문자역만으로는 한계가 있기 때문에 문화전반에 걸친 이해가 동반되어야 한다고 주장한다.

봉준호 감독은 프랑스 칸 영화제에 출품하기 직전 자신의 영화가 "워낙 한국적인 것이라 외국인들이 100% 이해하기는 힘들 것"이라고 말했다. 하지만 그는 영화제의 대상인 '황금종려상' 을 수상하게 되었다. 그런데 영화/대중문화평론가를 비롯한 많은 사람들은 그것의 이유를 달시 파켓의 번역에서 찾고 있다. 영화가 상영되는 동안 외국인 관객들의 웃음이 끊이지 않았다고 전해지는데, 그것은 봉준호 감독의 우려와는 반대로 그들을 폭소 짓게 한 달시 파켓의 번역이 한국인의 정서와 문화를 훌륭하게 반영했기 때문이다. 이에 영화평론가인 김효정은 그의 번역을 두고 "우리나라의 말을 서양의 문화적 맥락에 맞게 완전히 변화시킨 탁월한 것이었다"고 말한다. 이처럼 번역은 한 언어(원어텍스트)를 다른 언어(번역텍스트)로 이른바 통사나 의미구조만을 고려한 채 막연히 기술적으로만 옮기는 것이 아니라 문화적인 배경까지를 고려하여 해석하는 과정이다. 『프랑스 중위의 여자』, 『모비 딕』, 『삼총사』 등의 번역으로 잘 알려진 김석희 작가는 '채널예스'와의 인터뷰에서 문자/축자적인 번역의 제한성에 대해 지적한다. 그는 한 언어에서 다른 언어로 옮길 때 해석의 작가적 역량과 충분한 자유가 허용되어져야 한다고 말한다. 사실 문자/축자적인 번역에는 절대적인 한계성이 존재한다. 한강의 『채식주의자』로 맨부커상을 수상한 데보라 스미스는 그녀의 또 다른 작품인 『흰』을 번역하면서 경험한 언어적인 고심에 대해 다음과 같이 말한다. "한국어에는 영어의 'White'에 대응되는 단어가 두 개 있는데, 하나는 '하얀'이고 다른 하나는 '흰'이다. 전자는 빨강이나 파랑처럼 그저 색상을 뜻하지만 후자는 의미가 다르다. '흰'에는 우울한 감정이 담겨 있다. 엄밀하게 말해 영어에는 이 말에 대응되는 단어가 없다." 이처럼 한 언어를 다른 언어로 옮기는 데는 의미의 다양성과 차이로 인해 간단한 번역조차 어렵다. 더욱이 '더 좋은' 번역을 위해서는 단순한 옮김이 아니라 의역과 화용론적 지식이 가미된 '창작번역transcreation'이 필요하다. 창작번역의 훌륭한 예는 에드워드 피츠제럴드의 「오마르 카이얌의 4행시」를 들 수 있다. 이 시/집은 페르시아 출신의 오마르 카이얌의 12세기 4행시/집을 19세기 들어 피츠제럴드가 문화적 문맥을 고려하면서 자신의 생각과 상상력을 동원하여 새롭게 번역/창작한 것이다. 20세기 모더니즘의 정수로 평가받고 있는 「황무지」의 작가인 T. S. 엘리엇은 피츠제럴드의 이 '창작'을 읽고 난 후 "세상이 새롭게 보였다"고 말했다. 과연 피츠제럴드의 원본을 뛰어넘는 과감한 '창작'의 번역이 아니었다면 T. S. 엘리엇의 깊은 인상도 없었을 것이다. 그러기에 번역은 '번역'이 아닌 새로운 '창작'이 되어야 한다.

8.3 외국어, 그 참을 수 없는 가벼움의 슬픈 단상들

지난 2019년 3월 초 문재인 대통령의 말레이시아 국빈방문이 있었다. 대통령은 정상회담 후 '슬라맛소로selamat sore'라 말했고, 이에 일부 비판론자들은 이 말이 말레이시아 정부에 엄청난 실수를 한 것이라고 비난했다. 아주 신났다. 그러자 외교부장관이 직접 나서 '슬라맛쁘땅slamat petang'을 슬라맛소르라고 한 것에 "부끄러움과 책임을 통감한다"고 사과했다. 그것은 자국의 대통령이 말레이시아에서 인도네시아어로 인사를 한 "결례”에 대한 것이었다. 그렇지만 비난의 강도는 커져만 갔고 “사과” 또한 그랬다. 강경화 장관은 외교부 전 직원의 책임 의식을 강조했고 재발 방지를 위한 시스템을 구축하라고 지시했다. 당혹스러운 지시였다. 이건 언어의 문제이지 책임과 시스템의 관한 문제는 아니지 않는가? 어쨌든 온 나라가 비난과 사과로 시끄럽고 민망했다. 그런데 더욱 민망한 일이 있었다. 슬라맛소르라는 말이 말레이시아에서도 충분히 통용되는 말임이 알려진 것이다. 말레이시아 총리실 관료의 설명이 있었다. 그에 따르면 그 말이 인도네시아만의 언어가 아니었다. 기실 우리나라 대통령의 인사말이 ‘엉터리’라고 비난받자 당혹한 쪽은 오히려 마하트리 총리를 비롯한 각료들이었다. 매우 딱한 일이었다. 소르와 쁘땅이라는 ‘한갓’ 인사말조차 외교부에서 모르고 있었다는 것 말이다. 그런데 더욱 딱한 일은 ‘그 말’이 그 말일 수 있다는 사실조차 모르고 있었다는 사실이 그렇다. 무엇보다 그것을 두고 비난과 사과가 이어지는 과정에서 ‘난처함’은 오롯이 국민들의 몫이었다. 이건 가슴 아픈 일이다. 소수 언어에 대한 경시가 그렇고 국가를 대표한다는 전문가들의 지식이 그렇게 가벼웠다는 것 또한 그렇다. 이 일에 장관이 직접 나서서 사과한 것은 서글픈 일이었고 외국어 지식에 대한 국가적 무게가 그 정도로 가벼웠다는 것도 시리도록 아픈 일이었다.

이런 일도 있었다. 때는 1998년 노벨문학상 수상자로 포르투갈 출신의 주제 사라마구가 선정된 직후였다. 매스 미디어의 시대, 전 세계는 미디어 매체를 통해 그의 이름을 전했고, 우리나라도 예외는 아니었다. 그의 이름은 “호세 사라마고”였다. 하지만 아뿔싸!! 그의 이름은 호세 사라마고가 아니었다. 그것은 누군가가 제기한 의문에서 밝혀진 사실이었다. 그것은 작가적 재능이나 작품의 수준에 관한 것이 아닌 이름에 관한 음성학적인 의문이었다. 따지고 보면 이번에도 ‘한갓’ 발음에 관한 작은 시비였다. 사소한 의문일 수도 있었다. 하지만 그 의문의 영향력은 막강한 것이었다. 결과는 우스우면서도 슬픈 것이었다. 작금은 많은 사람들이 한두 개의 외국어쯤은 능통하다고 말하는 시대이다. 실제로 그렇다. '난' 아니지만 '그들' 이 그렇게 말한다. 또 '어떤' 이들은 4~5개 이상의 외국어에 정통했다고 우긴다. 영문학자인 '나' 도 '그들' 이 부럽고 '어떤' 이들에겐 경외감마저 든다. 그렇지만 이상한 일이다. 온 나라가 그 '한갓' 사소한 발음문제에 시름할 때 '그들' 과 '어떤 이들' 은 나타나지 않았다. 그러자 발음표기에 관한 혼란은 이어졌고 '누구들' 에 의한 상상력이 극단적으로 발현되었다. 결국 '엉터리' 신조어들이 만들어지기 시작했다. '누구들' 은 신났지만 민망한 일이기도 했다. 그것은 처음의 기세등등하던 '호세 사라마고' 가 곧바로 '호세 사라마구' 로 대체되었고 다시 또 '조세 사라마구' 로 변화를 거쳐 결국엔 '주제 사라마고' 로 변신을 거듭했기 때문이다. 극도의 혼란이 초래되었는데, 그것은 스페인어와 포르투갈어의 유사/차이점이 원인으로 작용한 탓이다. 하지만 그가 포르투갈 출신이기에 '주제 사라마구' 가 이상적인 발음으로 낙찰되었다. 실제로 이는 국립국어원의 외래어 표기기준에 근거한 표기세칙에 따른 결과이기도 했다. 게임은 끝났고 승자는 정해졌다. 그런데도 여전히 모를 일이다. 포르투갈어를 공용어로 하는 브라질 태생의 누군가가 말한다. "조세 사라마고가 정답입니다." 다시 또 세상의 진리가 되풀이된다. "승자는 혼자다." 승자는 외롭고 자리는 위태롭다.

우리 시대의 "사라마고는 상상력과 역설을 통해 삶은 환영에 불과하다는 것을 깨닫게 해주었다." 이는 스웨덴 한림원이 그를 노벨 문학상 수상자로 선택한 이유로 붙인 말이다. 그런데 굳이 상상력과 역설을 동원하지 않더라도 외국어에 대한 사람들의 지식은 기껏해야 참기 힘든 가벼운 환영에 불과할지도 모른다. 그런데도 여전히 자기 지식이 무겁다고 어기적대며 주장하는 외국어 "능통"자인 '그들'이 존재한다.

8.4 당신의 부인이 "맛있어" 보이네요!: 말과 언어, 문화와 문학, 그리고 해석의 딜레마

"맛있어 보이는 부인의 환대에 고마움을 표합니다." 엠마뉘엘 마크롱 프랑스 대통령의 말이다. 그는 호주를 국빈방문 중에 있었고 텀블 총리 부인을 보고 한 말이다.

이에 2018년 5월 3일자 『데일리 텔리그라프』지는 엠마뉘엘 마크롱을 만화영화주인공인 느끼한 스컹크인 페훼르 피유에 비유하는 기사를 내었다. 르 피유 자체가 '스컹크'라는 의미이다. 하지만 녀석은 스컹크가 아니다. 실은 다소 엉큼한 고양이이다. '페훼'는 터키어로 말더듬이란 뜻인데, 그래서 그런지 녀석은 항상 말보다는 행동이 앞선다. 페넬로페 푸시캣이라는 암컷을 쫓아다니다 틈만 나면 껴안고 뽀뽀를 한다. 그런 녀석이 스컹크로 오인된 것은 등에 항상 뭔가가 묻어 스컹크처럼 보이기 때문이다. 염색약에 의한 것일 수도 있고 흰색 페인트에 의한 것일 수도 있다. 녀석이 페넬로페에 매혹된 것은 암고양이가 몹시 매력적이기 때문이다. 어쩌면 비표준어인 암코양이라는 말이 더 어울리겠다. 페넬로페는 호머의 『오디세이』에 등장하는 여성으로 작품의 주인공인 오디세이의 부인이다. 그녀는 그야말로 순결과 정숙함을 상징한다. 그리스 연합군의 대표적인 지략가인 오디세이는 10년 동안 지루하게 이어진 트로이 전쟁을 끝내고 집으로 돌아오는데, 그 또한 10년이 걸린다. 도합 20년간 그녀는 정조를 지킨다. 그녀는 매력적인 외모에 수많은 구혼자들이 접근하지만 수의로 몸을 감싸며 철저히 차단하는 여성이다. 그런데 만화영화의 페넬로페는 꼭 그런 것만 같지는 않다. 푸시캣은 야옹이란 의미로 순결과 정숙과는 거리가 멀고 오히려 귀엽고 앙큼한 느낌을 주기 때문이다. 실제로 푸시캣에는 성적인 은유가 있기도 하다. 따라서 어쩌면 바람둥이 수컷인 페훼 르 피유만큼이나 욕망에 나약한 암고양이일 수 있다.

마크롱에 관한 이 기사는 처음 「워싱턴 포스트」에 의해 "따듯한 환대에 당신(텀블 총리)과 당신의 맛있는 부인에게 고마움을 표합니다Thank you and your delicious wife for your warm welcome"로 소개되었다. 그 후 수많은 언론에서 마크롱의 실수니 사심의 표현이니 하는 등등의 기사를 내보냈다. 대개는 가십성 기사였고 농으로 치부하는 기사였다. 호주의 「선 헤럴드」는 마크롱의 "실수"가 실은 속마음이 드러난 실언, 즉 무심결에 나온 내면의 심리인 '프로이트의 실언Freudian slip'이 아닌가 하는 의심 어린 기사를 실었다. 일종의 착행증으로 본 것이다. 그럴 수 있겠다. 이 기사는 그의 이 실수가 어쩌면 프랑스인 특유의 식사법, 다시 말해 자신을 위해 마련된 식사가 좋았다는 표현을 하는 과정에서의 해프닝으로 해석하기도 했다. '맛있는 포도주' 라는 말과 '매력적인 부인' 이라는 표현이 뒤얽힌 표현이라는 것이다. 이 또한 그럴듯한 설명이다. 여하튼 호주의 ABC News 방송은 "해석에서 길 잃다: 맛있는 호주 총리부인에 대한 엠마뉘엘 마크롱의 찬사Lost in translation: Emmanuel Macron thanks the PM' s 'delicious wife'" 라는 제목의 트윗을 올렸다. 물론 뉴스나 신문 그리고 트윗을 접한 대다수의 사람들은 그 이상도 그 이하도 아닌 단순한 농담이나 실수로 받아들였다. 마크롱의 이 말을 두고 상대방에 대한 시니컬한 조롱이나 비하의 표현으로 의심한 사람은 아무도 없었다. 그저 단순한 말실수에 불과했다.

그런데 말실수가 아니었다. 최소한 마크롱의 입장에서는 진지한 표현이었고 확신에 찬 말이었다.

하지만 예상치 못한 상황이 진행되었다. '가짜 동족어' 의 함정이 있었고, 마크롱이 여기에 빠지게 된 것이다. 평소 마크롱은 자신의 영어실력에 자신이 있었고 크고 작은 회담에서 유창한 영어능력을 과시했다. 이때도 그러했기에 루시 텀블을 향해 "맛있는 부인" 이라고 부른 것이다. 그런데 그가 선택한 영어의 '딜리셔스delicious' 가 '맛있다' 로 해석되었고 여성을 향한 단어이다 보니 은근히 성적인 암유가 내재된 것처럼 확대된 것이었다. 그런데 영어의 '딜리셔스' 와 동일한 단어인 '델리시외즈delicieuse' 에는 맛있다는 의미 외에도 '매력적이다charming' 라거나 '귀엽고 사랑스럽다lovely' 는 의미가 있다. 따라서 마크롱이 한 "당신의 부인이 맛있어 보이네요" 란 말은 '당신의 부인이 사랑스럽다' 거나 '매력적으로 보인다' 는 예의상의 그저 그런 일반적인 의미였던 것이다. 기실 『메리암 웹스터 영어사전』을 보아도 '딜리셔스' 는 '맛있다' 는 뜻을 넘어 '기쁨을 주는', '유쾌한', '호의적인', '좋은' 등등의 의미로 나온다. 물론 그렇더라도 '딜리셔스'가 사용되는 용례는 여기서 나열한 'delightful', 'agreeable', 'welcome', 'good' 등으로 단순히 호환되지는 않는다. 즉 뉘앙스적인 차이를 고려할 필요가 있다는 말이다. 예를 들어 'delicious wife'는 아무리 호의적으로 해석한다 해도 '몸에서 나는 향기가 달콤한 부인'을 벗어나지 못한다. 성적인 함의가 있음은 물론이다. 결국 마크롱의 '딜리셔스 와이프'란 영어식 표현은 그리 적합/현명한 선택은 아니었다.

말의 어려움이고 언어의 어려움이다.

8.5 그대 영어의 바다에 헤엄치고 있는가? - 영어혼용언론기사를 접하며

많아도 너무 많다. 거의 매일 인터넷을 본다. 각종 기사를 읽는다. 그리고 그 기사에서 매번 보게 된다. 인터넷은 시사정보의 보고이다. 어느 때부터인가 그렇게 되었다. 인터넷을 통한 온라인 매체는 오프라인 매체에 비해 가볍게 느껴졌던 시대도 있었다. 아마도 수정과 정정이 상대적으로 어렵지 않아 그랬을 수도 있다. 아니, 사실이 그렇다. 전통적인 브래티네커는 인터넷 웹 백과사전인 위키피디아로 대체되었다. 시시각각 쏟아져 나오는 엄청난 양의 정보를 오프라인 매체로 수용하기는 불가능하다. 그렇지만 온라인이나 오프라인 매체의 특성을 말하고자 하는 것은 아니다. 앞서 많아도 너무 많고 매번 본다는 말은 엄청난 양의 기사가 그렇다는 말이 아니다. 물론 그것도 그렇다. 하지만 지금 이야기하고 있는 것은 그 수많은 기사에서 영어 사용이 너무도 많다는 것이다. 그야말로 영어라는 바다에 헤엄이라도 치고 있는 것 같다. 정확히는 혼용이라고 해야 할 것 같다.

요 며칠 나온 몇몇의 기사만 놓고 보자. 영어단어가 하나쯤 혼용되고 있지 않은 칼럼을 찾기가 어렵다. 불가능한 것처럼 보인다. 우선 '데스노트death note' 라는 말이 나온다. 데스노트는 오오바 츠구미가 글을 쓰고 오바타 타케시가 그린 만화의 제목으로 어떤 사람의 이름을 적으면 그가 죽게 되는 무서운 힘을 지는 공책을 말한다. 물론 데스노트는 일본식의 영어로 올바른 표현법은 아니며 따라서 '데스노토デスノ□ト' 라는 만화나 혹은 그것을 각색한 영화를 보지 않았던 사람들은 이 단어가 함축하고 있는 의미를 알기는 어렵다. '헤이트스피치hate speech' 라는 단어도 눈에 띈다. 헤이트스피치는 우리말로는 증오언설이나 혐오발언으로 번역되고 있으며 의미는 인종, 성, 연령, 민족, 국적, 종교, 장애, 언어능력, 정치적 견해, 사회계급, 직업이나 외모 등 특정한 사람/그룹에 대한 편견이나 의도적인 폄하 및 위협적인 발언을 말한다.

『중앙일보』는 한 기사를 통해 마이니치신문이 한·일 갈등을 격화시킨 일본의 반도체 소재 수출규제를 강화하기 전 '인바운드inbound' 나 경제에 악영향이 없는 범위에서 해달라고 주문했던 스가 요시히데 관방장관의 말을 보도했다. 인바운드는 '귀향하는,' '본국으로,' 등의 의미를 지닌 형용사로 여기서는 '방일한국인' 을 뜻하는 단어로 쓰였다. 『머니투데이』는 「기술을 아는 정치인…양향자의 '테크폴리티션' 양산론」에서 기술을 아는 정치인이라는 의미의 '테크폴리티션Tech+Politician' 이라는 신조어를 받아쓴다. 「경쟁 · 미션 없는 '여성예능'의 탄생」 에서는 이른바 남성중심의 예능세계에서 「삼시세끼」, 「캠핑클럽」 등의 성공이 가지는 가치를 설명하면서 이러한 현상을 2015년 페미니즘 '리부트reboot' 로 표현한다.

리부트는 원래 컴퓨터를 '재시동' 하거나 프로그램을 '다시 로드' 하는 것을 뜻하는데 여기서는 여성(연예인)중심의 프로그램이 다시 부흥하거나 인기를 얻고 있다는 의미를 기대한 것이다. 물론 이 글에서 간추린 인터넷 기사에서의 영어혼용의 예는 극히 적은 예일 뿐이다. 그저 한두 번의 '인터넷서핑' 만으로도 쉽게 보이는 것들이다. 그런데 인터넷 기사에서 이렇듯 영어혼용이 빈번한 데에는 이유가 분명 있겠다. 그것은 아마도 효과적인 한 단어만으로도 다양한 의미의 함축된 내용을 포괄할 수 있기 때문에 그럴 것이다. 단순한 과시나 지적인 허영만은 아니라는 의미이다. 물론 적합하고 적당한 언어선택이 가정되었을 때 그렇다는 것이다. 앞서 몇 가지 예에 한정해서 보더라도 '테크폴리티션' 이라는 '신조어'는 그렇다 해도 '인바운드' 만 놓고 보면 어색하고 '데스노트' 또한 부과적인 설명 없이는 정확한 의미를 알 수 없다. '리부트' 는 어떻게 봐도 억지스럽다. 이렇게 본다면 언론기사에 나타난 영어사용이 반드시 효율적이거나 적확하다고 할 수는 없을 것이다. 다만 그래도 좀 더 '긍정적'인 입장에서 보면 눈 깜짝할 새 모든 것들이 시시각각 변화하는 이때 언어학적 측면까지를 고려할 여유는 없을 것이다. 더군다나 자신의 발언/기사가 "강렬하고 선명하게"(이 표현을 '임팩트impact' 로 쓰고 싶은 유혹도 많으리라) 전달되기만 한다면 그것으로 충분하다고 생각하는 사람들도 많을 터이다. 아무튼 이러저런 이유로 언론기사에서 영어의 혼용 빈도수는 꾸준히 늘어가고 있다. 그야말로 영어라는 바다에 풍덩 들어가 헤엄이라도 치고 있는 것 같다.

대부분의 경우 큰 해가 없다. 오히려 효율적이거나 효과적인 경우도 많다. 그럼에도 불구하고 언어가 지니는 힘은 무겁다. 아니, 한 단어만으로도 그 힘은 매우 크다. 일본의 산케이신문은 아시아태평양경제협력체(APEC)에서 회의석상에서 일본의 화이트국가(안보우호국) 배제조치의 부당성을 비판한 한국정부에 의장국인 칠레측에서 '유감regret' 을 표명을 했다는 기사를 실었는데 우리나라 외교부에서는 '유감' 이라는 단어가 없었다고 반박했다. 영어로 'regret' 은 실망에 따른 정신적인 고통을 의미하는 것으로 이 말의 있고 없음은 전체적인 문맥이해에 상당히 중요하다. 얼마 전 한일군사정보보호협정인 '지소미아GISOMIA' 의 종료가 선언되면서 '이해한다understand' 라는 단어가 화두로 떠오른 적이 있었다. 이 단어를 두고 우리나라가 미국과 해석상의 오해가 있었다고 주장하는 국회위원도 있었다. 그 말이 어떻게 다른지 그로부터나 언론으로부터도 더 이상의 설명은 없었다. 때문에 실제로 우리나라와 미국이 그 문제를 두고 "이해한" 바가 서로 동일한 것이었는지 아니면 서로 다른 것이었는지는 지금으로서는 확인할 길이 없다. 다만 'understand' 라는 단어만 놓고 보면 단순히 무슨 말을 하는지 알겠다는 것인지와 상대방의 입장이나 상황에 대한 공감을 느끼면서 마음속으로 받아들인다는 것인지에 대한 해석은 가능하다. 실례를 통해서도 확인할 수 있다. 이를테면 'Can you understand me?' 와 'Please understand.' 는 의미가 다르다. 전자는 "내가 말하는 내용을 알아들을 수 있어?"이지만 후자의 경우는 "내 입장을 이해해주세요."이다. 다시 말해 이 두 개의 문장에서는 목적어가 있는지 없는지에 따라 의미가 확연히 다르다. 따라서 문맥을 고려하지 않고 'understand' 단어 하나만으로는 그것이 어떤 의미로 쓰였는가를 가늠할 수는 없을 것이다. 이처럼 비록 한 단어라도 단어 하나의 무게는 결코 가볍지 않다. 『한 단어의 힘』에서 에번 카마이클은 한 단어가 지니고 있는 중요성이 얼마나 큰 것인지를 이야기한다. 그는 단어를 어떻게 쓰느냐에 따라 최적의 전략이 될 수도 있음을 이야기한다. 그는 말한다. 그 말이 정확하다면 단 한 단어면 최적의 전략으로 충분하다고. 구구절절한 설명도 필요 없고 하나의 문장까지도 필요 없다고. 언론기사에서의 영어사용도 그렇다. 정확한 의미가 전달된다면.

8.6 도보다리 "밀담", 모든 것은 언어에 있다

윌라 캐더의 『좋은 이웃, 로시츠키 영감』에서 아내인 메리는 병원에 다녀온 로시츠키 영감에게 자기들만의 언어가 아닌 영어로 검진의 결과를 묻는다. 그들은 체코에서 미국으로 건너온 이민자 1세대로 의당 익숙한 언어는 체코어이다. 그녀가 영어로 묻는 이유를 남편은 잘 알고 있다. 그녀가 체코어로 묻지 못하는 것은 나쁜 결과를 듣는다면 감당하지 못할 것을 알기 때문이다. 어쩌면 체코어로 말해야 하는 남편의 감정을 먼저 헤아려서일 수도 있다. 그들이 영어로 이야기할 때 부부는 심장병과 같은 나쁜 병명에 거리두기가 가능하다. 즉 그들은 영어를 통해 감정이 없는 사실만을 전달할 수 있다. 반면 그들에게 체코어는 감정이 개입되어 있다. 그것은 체코어가 그들의 모국어이기 때문이다. 언어는 의사전달의 매개체로만 한정되지 않는다. 한 나라의 언어에는 공통의 역사가 있고

문화가 있고 정서가 있다. 따라서 같은 언어는 마음과 마음을 이어주는 혈관이자 정서를 공유하는 들숨과 날숨의 호흡이다.

2018년 4월 27일. 벌써 오래전의 일이다. 문재인 대통령dms 북한의 국무위원장과 판문점 도보다리에서 '우리말' 로 대화했다. 그들은 판문점 선언을 통해 그간의 정전상태에서 그야말로 전쟁의 종식을 알리는 종전선언에 합의했다. 1950년 6월 25일 전쟁이 일어났고 1953년 7월 27일 전쟁을 일시 멈추는 정전선언이 있었고 이후 70년 가까이 휴전상태가 지속되었다. 공식적인 절차를 거쳐 종전이 선포된다면 정전협정이 이루어진 후 실로 65년 만이다. 국가에서는 평화협정으로의 체결을 구상하고 있으며 이는 전 국민이 바라는 바이다. 대통령과 김 위원장은 파란색이 칠해진 도보다리에서 30분간 독대했다. 이들 사이에는 흔히 정상간 회담에서 늘 배석하게 되는 통역사도 없었다. 같은 언어를 사용했고 마음을 이야기했고 진심을 전달할 수 있었을 터였다. 그들은 취재진들부터도 멀리 떨어져 있어 그들 사이의 대화는 들리지 않았다. 그런데도 미국의 CNN과 일본의 NHK는 도보다리 위에서의 두 정상의 모습을 포착했다.

전 세계가 판문점회담에 주목했다. 우리나라를 비롯한 많은 나라들은 이 회담을 통해 북한의 비핵화를 원했다. 비핵화란 더 이상 핵실험을 포기하는 것 이외에 기존의 핵무기를 철저히 제거하는 것을 의미한다. 얼마 전까지만 하더라도 미국의 트럼프 대통령과 김 위원장 사이에는 작고 뚱뚱한 "꼬마 로켓맨little rocket man" 이니 늙다리 미치광이인 "도타드dotard" 라는 폄훼적인 언어로 설전을 주고받았다. 설전이 실전으로 악화되기 일보직전이었다. 그야말로 언어를 통한 설전이 실전보다 더 폭력적인 양상을 낳았다. 남북 간 정상회담이 있었고 이제 곧 북미정상화담도 있을 예정이다. 남북 간 지도자는 언어를 통해 허심탄회한 이야기를 나눌 수 있었다. 이들의 근거리 주변에는 취재원도 없었고 수행원도 없었다. 통역사조차 불필요했다. 회담은 대개 공식적으로 이루어진다. 여러 명이 모여 공개적으로 진행된다. 하지만 '도보다리 밀담' 이라는 MBC 뉴스데스크 등의 표현에서 보듯이 다리 위에서의 대화는 온전히 둘만의 것이 되었다.

두 정상 간, 둘만의 밀담은 특별했다. 이들의 만남은 몇 달 전까지만 하더라도 상상하기조차 어려운 장면이었다. 그러기에 낯선 현실이었다. 그야말로 허구보다 현실이 더 낯선 모습이었다. 하지만 이렇듯 허구보다 더 낯선 이들의 만남이 주고받은 대화가 도보다리 위에서의 밀담이 평화로운 미래를 담보해주는 계기가 될 수 있다. 그리고 그것이 가능했던 이유 중 하나는 공통된 언어에 있다. 동일한 언어이기에 비록 30여 분이라는 짧은 시간이었지만 많은 것을 공유할 수 있었을 것이다. 통역을 거친 정제된 언어가 아니었기에 진심을 더 잘 전달할 수 있었을 터이고 마음을 더 많이 담아낼 수도 있었을 터이다. 이를 통해 본다면, "소리 없는 그들만의 도보다리 밀담" 에 CNN과 NHK 등 외신들이 왜 그렇게 주목했는가를 알 수 있다. 그들은 동일한 언어이기 때문에만 가능한 둘만의 밀담이 얼마나 큰 의미로 확산될지를 알고 있었다. 그러기에 소리 없는 대화를 포착했고 장시간 무성의 그 장면을 보도한 것이다.

소설에서 허구적 이야기는 "현실을 앞서가지만 때로는 현실이 이미 우리보다 앞서 있었다." 캐나다의 소설가 마거릿 애트우드의 말이다. 불과 얼마 전까지만 하더라도 우리는 무력충돌을 불안해했다. 북한의 핵실험과 핵전쟁에 대한 두려움은 우리를 벗어나 전 세계의 우려를 낳았다. 하지만 이제 판문점회담을 시작으로 공식적인 종전이 선언되고 평화협정이 이루어질 수 있다는 희망이 싹트기 시작했다. 이로써 남과 북이 서로 부흥할 수 있는 상호간의 교류가 확대되고 활발해진다면 허구인 소설에서나 상상할 수 있었던 그러한 일들이 가능해질 것이다. 과연 지금의 현실은 소설의 상상적인 이야기보다 더 우리를 앞서가고 있는 것인지도 모른다. 도보다리가 '도보다리' 라는 이름을 가지게 된 이유는 유엔군사령부에서 부르던 '도보 다리Foot Bridge' 에서 유래한 것이라고 한다. 그리고 다리가 온통 파란색인 이유는 파란색이 유엔의 색이기 때문이라고도 한다.

우리정부는 '도보다리 밀담' 후 보고한 브리핑을 통해 "이제부터 도보다리는 이번 남북정상회담의 슬로건인 '평화, 새로운 시작' 그 자체를 상징하는 역사의 현장이 될 것" 이라고 말했다. 그렇다. 이번 남북한 정상들의 역사적인 만남과 회담으로 그리고 그들이 나눈 대화와 언어로 인해 우리 모두는 평화로운 미래를 기대할 수 있게 되었다. 그들이 공유한 언어가 마음과 마음을 연결해주는 혈관이자 이심전심의 정서를 공유할 수 있게 하는 들숨과 날숨의 호흡이었기를 희망한다.

도보다리는 그 색상으로 인해 '블루브리지Blue Bridge' 라고도 불린다. 그런데 파란색은 남과 북이 하나된 한반도기의 색상을 상징한다고도 한다. 그렇다면 파란색의 한반도기가 분리되지 않은 하나이듯이 하루빨리 우리도 하나가 되기를 꿈꿔본다. 도보다리에 내포된 의미대로 남과 북의 국민들이 도보로 자유롭게 오고갈 수 있는 날을 기대해본다. 그러기 위해서는 우리 모두의 이해가 우선되어야 한다. 이 모든 것은 언어에 있다.

제 9 장
문학과 문화 사이, 그리고 세계

9.1 '눈'이 멀었다고요? 그래서, 위대한 '작가'가 되었다고요?

2019년 7월 8일자 『뉴욕타임스』 기사에서 프랭크 부르니는 조엘 버켓의 데뷔 소설을 평하면서 비록 그 작품이 베스트셀러는 되지 못했지만 또 다른 이유로 주목을 받았다고 말한다. 자신의 기사제목이 「눈을 감고 글

을 써라」인 것처럼 그는 부르니가 신인작가로서 주목을 받은 이유로 '눈'이 멀었기 때문이라고 주장한다. 2018년 부르니는 오른쪽 눈의 시력을 거의 잃게 되는데 왼쪽 눈의 경우엔 그보다 1~2년 전에 완전히 상실한 터였다. 딱한 일이었다. 하지만 그 때부터 그는 자신의 능력을 발산하고 싶다는 생각을 했고 살아있음을 증명하고도 싶었다. 이것이 그가 「들짐승이 모두 마시고」(시편 104장 11절)라는 환상적인 스릴러물을 쓰게 된 동기였다. 그는 이제야 자신이 "제임스 조이스(아일랜드소설가)나 제임스 서버(미국풍자만화가)와 같은 위대한 눈먼 작가들과 같은 대열에 합류하게 되었다"고 말했다. 부르니의 이 말은 조이스와 서버와 같은 뛰어난 작가들이 눈이 멀거나 거의 먼 상태에서 오히려 초월적인 역량을 발휘하게 된 것처럼 자신도 그들과 같이 창의력을 극한까지 발현할 수 있을지도 모른다는 기대감이었다. 누군가는 이렇게 말했다. "영국에서 가장 위대한 시인이 누구냐고 묻는다면 그것은 셰익스피어가 아닌 『잃어버린 낙원』의 작가 밀턴일 것이다." 하지만 그가 이 서사시를 써가면서 완성한 것은 이미 눈이 멀기 시작한 1652년경부터 10년 동안이다.

호르헤 루이스 보르헤스가 있다. 그는 남미에서 극단적 모더니즘을 일으킨 작가이자 신비로운 환상문학의 대가로 평가받는다. 그 역시 시력을 상실해가는 과정에서. 눈이 멀어가는 것이 어쩌면 축복일 수 있다는 심정으로 『눈먼 이를 향한 예찬론』을 썼다. 이는 다분히 밀턴의 "On His Blindness"를 염두하고 쓴 시일 터이다. 그는 어쨌든 이 시에서 흐릿해져가는 시각으로 자기는 더 이상 "작은 새의 비상飛翔"이나 "황금빛 달"을 즐기지는 못하지만 그 대신 각고의 노력을 기울여 시를 쓸 수 있게 되었다고 말한다. 호르헤스는 1977년의 한 에세이를 통해서도 눈이 먼 것이 오히려 재능을 발현시키는 기회가 될 수 있음을 이야기한다. "작가는 자신에게 일어난 모든 일을 작품을 쓰는 소재나 기회로 활용해야 한다. 그것이 굴욕이든, 민망함이든, 불행이든 그렇다. 만약 눈 먼 작가가 이렇게 생각한다면, 그에게 눈이 먼 것은 소중한 선물이다."

밀턴을 말했으니 『일리아드』와 『오디세이』라는 광대한 대서사시의 작가인 호머를 빼놓을 수가 없을 것이다. 호머를 말할 때 어떤 사람들은 그가 혹 여자였을지도 모른다거나 '호머' 라는 말은 한 특정인이 아니라 '바드Bard' 처럼 일군의 음유시인들이었을지도 모른다는 소심한 추론을 한다. 하지만 대다수의 많은 사람들은 그가 눈 먼 시인이지 않았을까를 추측한다. 역설적이게도 눈이 먼 그/녀/들/는(은) 보이는 현상 이면에서 드러나지 않았던 진실의 실체를 보았던 것이다. 니나 상코비치는 『톨스토이와 자주색 의자』에서 이 말이 진실임을 확인해 준다. 그녀는 "위대한 문학의 목적/기능은 (현상 이면에) 감춰져 있던 것을 드러내주거나 어둠속에 숨어 있던 진리를 밝혀주는 것이다"고 말한다. 막상스 페르민이라는 작가가 있다. 그는 프랑스인이지만 일본과 일본문학을 모티브로 하여 '하이쿠' (3행 5.7.5 음절의 일본의 시) 형식의 노벨라(중편소설)인 『네에쥬』(Neige는 프랑스어로 눈/Snow 라는 의미이다)를 창작했다. 이 작품에서 '눈雪'의 의미를 지닌 유키ゆき라는 주인공은 색채와 하이쿠의 대가인 소세키를 찾아가는데, 그는 놀랍게도 눈 먼 노인이다. 결국 이 작품에서 위대한 문학가가 되고자 했던 유키가 깨닫는 것은 대부분의 사람들은 보이는 현상에만 집착하는 눈 뜬 장님일 수 있다는 것이다. 눈이 먼 소세키가 그토록 위대한 업적을 이룰 수 있었던 것은 눈이 멀었기 때문이고 그 때문에 그가 보이지 않은 이면의 진리(모든 색을 수용할 수 있는 순수 백색)를 볼 수 있었기 때문이었다. 그런데 사실 이러한 예는 눈이 먼 작가나 눈이 먼 인물들이 등장하는 작품을 통해 다양하게 전개된다. 지금까지의 논의가 주로 눈 먼 작가들의 관한 것이었다면 토마스 포스터는 『교수처럼 문학 읽기』에서 눈이 먼 등장인물을 보며

눈멂과 진리의 상관관계를 유추한다. 그는 소포클레스의 『오이디푸스 왕』을 거론하면서 오이디푸스는 "눈으로 볼 수 있었을 때 보지 못하고 눈이 멀었을 때 볼 수 있었다"고 설명한다. 그에 따르면, 오이디푸스는 눈이 보였을 때 '통찰력'이 부족했고, 눈이 멀게 되는 순간 그것을 얻게 되었다. 이는 영속적으로 타당한 사실일 수 있는데, 실제로 과거의 많은 눈 먼 작가들은 진리에 대한 통찰력을 구현할 수 있는 "천상의 빛celestial light"을 볼 수 있었다.

9.2 헬렌과 트로이 전쟁 그리고 호머의 『일리아드』

스파르타의 헬렌으로 알려지기도 한 트로이의 헬렌은 역사상 지상에서 가장 아름다운 여인이었다고 전해진다. 남자들은 그녀를 얻기 위해 싸웠고 그녀 때문에 전쟁이 일어나기도 했고 그녀 때문에 나라 전체가 통째로

무너지기도 했다. 이런 그녀이기에 호머는 그녀와 그녀로 인해 비롯된 트로이전쟁을 그린 『일리아드』라는 눈부신 서사시를 쓰게 되었다. 호머에 관한 이야기도 많은데, 누군가는 그가 눈이 먼 예술가였다고 말하고 또 누군가는 그가 남성이 아닌 여성이었다고도 말한다. 일각에서는 그가 한 사람이 아닌 일군의 시인들이었을 거라고 주장한다. 어쨌든 호색한인 제우스는 우연히 레다라는 스파르타의 여왕인 레다를 보게 되는데, 한 눈에 반한 그는 그녀가 호수에서 목욕하는 틈을 타 백조로 변해 접근한 다음 다소 거칠게 교접했다. 이 순간을 포착한 작가가 있었으니 그가 바로 영문학사상 가장 뛰어난 시인 중 일인으로 평가받고 있는 W.B.예이츠이다. 그는 아일랜드 태생으로 1923년 노벨문학상을 수상하기도 한 20세기 현대문학의 선두주자이다. 예이츠는 「레다와 백조」에서 레다에 대한 제우스의 폭력적 급습을 냉정하면서도 생생하게 묘사한다.

이렇듯 많은 작가들에게 있어 신화는 문학적 상상력의 모태이자 공통분모이기도 하다. 어쨌든 이러한 사건을 통해 레다는 두 개의 알을 낳게 되고 헬렌은 그중 하나의 알을 깨고 태어나게 된다. 그녀가 성장하자 명목상 아버지 노릇을 하던 틴다레우스는 메넬라우스를 헬렌의 짝으로 낙점한다. 그런데 그것은 메넬라우스가 막대한 권력과 재산을 소유한 아가멤논의 동생이라는 이유에서였다. 몇 년이 지나 트로이의 왕자인 파리스는 그녀와 사랑에 빠지게 되는데, 여기에는 아프로디테의 계략이 있었다. 그녀는 제우스의 부인이었던 헤라와 제우스의 머리를 깨고 태어난 아테나와 더불어 누가 천상에서 가장 아름다운가를 놓고 경합을 벌였는데 이때 파리스가 자기를 선택했고 그에 따른 보상으로 헬렌을 만나게 해주었던 것이다. 헬렌 또한 큐피드의 화살을 맞은 것처럼 파리스를 사랑하게 되었고 이로써 그들은 트로이로 도망쳐 비밀리에 혼례를 치렀다. 결코 현명하지 못했던 메넬라우스는 아내까지 빼앗기자

바보임이 만천하에 드러났고 그런 동생을 바라보다 화가 난 아가멤논은 그리스연합군의 총사령관이 되어 트로이를 침공하게 된다. 이에 그녀는 "일천 척의 군함을 출정시킨 얼굴"이라는 별칭이 붙게 되었다. 그리고 이 별칭은 『파우스트 박사』의 작가로 잘 알려진 17세기 영국 엘리자베스 시기의 뛰어난 극작가인 크리스토퍼 말로에 의해 처음 만들어진 것이다.

크리스토퍼 말로는 또 누구인가? 그는 영국 남동부 캔터베리의 구두제작공의 아들로 태어났지만 뛰어난 지적 능력으로 영국 최고의 캔터베리 킹스콜리지를 거쳐 캠브리지 대학에서 수학했지만 작은 선술집에서의 치기 어린 결투로 29세의 일기로 생을 마감한 인물이다. 하지만 그의 문학적 재능이 얼마나 뛰어났던지 혹자는 그가 셰익스피어 작품의 진짜 작가였을지도 모른다고 주장하기까지 한다. 호머의 『일리아드』가 증명하듯이 트로이 전쟁은 트로이목마를 이용해 성을 함락하기 전까지 10년 동안이나 지속되었다. 결국 그 전쟁은 그리스군의 승리로 끝나게 되었고 그러자 헬렌은 마치 아무 일도 없었다는 듯 마음에도 없는 남편에게 다시 돌아와 아무 일도 없었다는 듯 나름대로는 행복한 여생을 보내게 된다. 놀랍게도 시간이 흐르고 세월이 흘러도 그녀의 아름다움은 결코 훼손되지 않았는데, 이에 그녀의 시들지 않는 미모는 "여성에게 아름다움은 영원한 자산"이라는 말이 회자되도록 하는 원인이 되었다.

9.3 문학으로 역사 읽기- "두려움과 증오"에 관한 고찰

조지 오웰은 인간의 두려움과 그러한 두려움으로부터 비롯된 증오에 대해 그의 대표작인 『1984』에서 다음과 같이 말한다. "인간은 순수한 사랑과 순수한 욕망을 가질 수 없다. 어떠한 감정도 순수하지 않기 때문이다. 모든 감정에는 두려움과 증오가 뒤섞여 있다." 그는 세상에는 육체적인

고통보다 더 고통스러운 것은 없으며 그러한 고통 앞에서 영웅이 될 수 있는 사람은 드물다고 말한다. 그는 인간은 그러한 고통에 직면해서도 참고 견뎌낼 수 있는 용기도 있고 의지도 있다는 말도 한다. 그렇지만 육체적인 고통 이전에 다가오는 공포는 "참을 수 없는 존재의 무거움"이다.

오웰은 작품에서 "어두운 공포가 그(윈스턴 스미스)를 사로잡았다"는 표현과 함께 한순간 세뇌되는 주인공의 모습을 그린다. 작품에서 1984년의 미래는 오세아니아, 유라시아, 이스트아시아라는 3개의 거대한 전체주의 국가로 나뉘어 있고 "빅브라더"라는 허구적 존재를 숭배하는 세계이다. 오웰은 스페인, 독일, 소련(소비에트 사회주의 공화국)에 퍼지고 있던 스탈린주의나 전체주의적인 정치체제를 목격했다. 그는 이 작품뿐만 아니라 다른 작품을 통해서도 집단적인 체제에 대한 강제와 강압적인 수단으로 개인의 자유를 박탈하고 비인간화를 강요하는 이데

올로기를 비판한다. 인간은 두려움을 느끼면 자유와 순종 중에서 대부분은 순종을 택한다. 그렇게 하는 것이 더 편안하고 조금이나마 '행복'을 보장해준다면 더욱 그렇다. 그러기에 대부분은 자유를 버리고 굴종을 수용한다. 오웰의 말이다.

그런데 『1984』의 윈스턴 스미스는 맹목적인 순종보다는 자유의지의 자유로운 사고를 추구한다. 이에 전체주의 옹호의 사상경찰인 오브라이언은 그를 감시하고 세뇌를 통해 전체주의의 맹목적 숭배자로 만들 계략을 꾸민다. 윈스턴은 쥐를 무서워했고 오브라이언은 두려움이라는 공포를 이용해 그의 약점을 공략한다. 굶주림으로 미쳐 날뛰는 쥐떼의 울부짖는 소리는 그를 공포로 몰아넣는다. 늙은 쥐 한 마리가 그에게 다가온다. 긴 수염과 누런 이빨의 시궁창 쥐이다. 그가 쥐로부터 벗어날 수 있는 방법은 대리인을 찾는 것뿐이다. "줄리아에게 하세요! 줄리아에게! 그녀에게 무슨 짓을 하든 상관없어요. 얼굴을 찢고 살갗을 벗겨 뼈를 발라낸다고 해도요." 두려움이 그를 집어삼켰고 그는 변모되었다. 그는 유일하게 사랑했던 줄리아를 배신한다. 두려움이 그를 파괴했다.

리사 시의 『해녀들의 섬』이 있다. 이 작품은 친구관계인 영숙과 미자의 해녀로서의 삶과 믿음의 상실과 용서가 중심이다. 하지만 제주도에서 일어났던 4.3사건의 어두운 역사를 심도 있게 추적한다. 물론 문학적인 전개로 역사적 사실에 대한 '허구적인' 해석이다. 리사 시는 제주도에서 일어났던 농부, 어부, 공장 노동자, 해녀, 우체국 직원 등이 참여한 파업과 1947년 3월 1일의 시위에 관한 정황을 설명한다. 시위 도중 아무것도 모르는 아이들은 흥분해서 이리저리 뛰어다녔고 한 아이가 질서를 유지하려는 기마경찰의 말발굽에 밟히게 된다. 우연한 일이었고 의도는 없었다. 그렇지만 사과를 받아내려는 군중들이 경찰서로 몰려갔다. 경찰서에 남아있던 경찰들은 사건의 내막을 알지 못했고 다가오는 군중을 보자 두려움에 휩싸인다. 두려움은 공포로 그리고 그 공포는 증오로 이어졌고 폭력을 낳았다. 그들 중 누군가가 총을 발포했고 그것이 그 후 1년이 지난 1948년 4.3사건의 시발이 되었다.

리사 시는 작품을 통해 두려움으로 인한 공포가 어떻게 파괴적인 폭력으로 이어질 수 있는가를 추적한다. 이 작품은 전체 5부로 구성되어 있고 이 사건을 다루고 있는 제3부의 소제목 역시 "두려움"이다. 2003년 노벨상 수상 작가인 존 쿳시John Coetzee 역시 두려움과 증오 그리고 폭력의 문제를 거론한다. 그는 『야만인을 기다리며』라는 작품을 통해 타 인종에 대한 배타적인 공포와 그로 인해 비롯된 잔악한 행위를 고발한다. 그는 인종분리정책인 "아파르트헤이트apartheid"로 악명이 높았던 남아프리카 출신인데 그러한 배경은 분명 작품구상에 영향을 주었다. 그렇지만 작품에서는 남아프리카를 특정하거나 특정 인종을 적시하지는 않는다. 제국의 주체적인 지배그룹/인종이 있고 그들로 인해 추방된 피지배/원주민 그룹이 있다. 이는 지배자들과 피지배자들 사이에 존재하는 폭력의 양상이 비단 한 특정 국가만의 특이한 현상이 아닌 보편적인 것을 강조하기 위한 전략일 수 있다. 작품에서 제국의 민간인들은 자신들과는 다른 원주민들을 "야만인"으로 단정하며 증오한다. 작가는 이 작품에서 타자에 대한 두려움이 제국 전체의 사람들에게 어떻게 번식하며 퍼져나갈 수 있는지 그리고 어떻게 잔혹한 폭력으로 이어질 수 있는지를 탐색한다. 무서운 것은 그러한 두려움이 근거가 없는 다름에 대한 불신에서 비롯된 것이라는 점이다. 그리고 더욱 무서운 것은 그로 인해 폭력을 저지르는 주체가 자신의 행위를 절대적인 정의로 착각하고 있다는 점이다.

두려움과 증오 그리고 폭력을 다룬 작가로는 주제 사라마구도 있다. 그는 『눈먼 자들의 도시』에서 갑작스러운 실명의 원인을 두려움에서 찾는다. "두려움이 실명의 원인이 되었다. 우리는 눈이 먼 순간 이미 실명의 상태에 있었는지 몰라. 두려움이 우릴 눈멀게 했고 두려움이 우릴 눈이 먼 상태로 두었던 거야." 작품은 신호대기 중이던 한 운전자의 실명으로 시작된다. 그는 사람들의 도움을 받아 안과로 안내되지만 그를 도왔던 사람들과 안과의사 모두는 그처럼 눈이 멀게 된다. 그리고 실명은 마치 유행병처럼 도시 전체로 퍼져나가고 그 다음은 도시를 넘어 나라 전체로 또 그 다음은 나라를 넘어 세계 전체로 퍼져나간다. 그런데 눈이 먼 그들 모두는 정신병원에 격리되고 감금된다. 그것은 눈을 멀게 만든 원인이 밝혀지지 않았기 때문이다. 원인이 밝혀지지 않은 전염병에 눈이 멀지 않은 사람들은 두려움을 갖게 되고 그들을 배척한다. 눈이 먼 자들은 이성을 잃고 폭력에 의존한다. 각 병실에서는 약탈과 방화 등의 폭력이 이어진다. 작가는 포르투갈 출신으로 자기 나라의 역사적인 사건을 현대적인 시각으로 조명하며 조국의 정체성을 정립하려고 시도했지만 이 작품에서의 주제는 특정한 민족의 역사가 아닌 인간의 보편적인 심리와 연관된 것이다. 그는 "실명"이라는 주제로 이성과 지성인으로 간주되는 인간 본성에 대해 강한 의구심을 보여준다. 정신병원은 늘어나는 수용자들로 공간과 식량이 부족해진다. 그리고 그에 비례해 그들을 지키는 군인들의 두려움도 점점 더 커간다. 배고픔에 지친 그들이 몰려오자 공포에 사로잡힌 군인 중 누군가가 발포한다. 그러자 총소리에 놀란 나머지 군인들도 사정없이 난사한다. 대규모의 폭력이다. 두려움으로 비롯된 증오고 폭력이다.

본 에세이에서 거론된 4명의 작가 중 존 쿳시와 주제 사라마구는 노벨상 수상자이다. 카인조우는 조지 오웰이 『1984』을 출간하고 곧바로 사망한 것이 노벨상을 받지 못한 이유가 될 것이라고 말한다. 서구인의 시각에서 우리나라의 제주도의 해녀들의 이야기를 다룬 리사 시는 동시대 작가이다. 그녀의 노벨상 수상을 기대해본다.

9.4 「모나리자」는 어떻게 왜 걸작이 되었는가?

E. L. 코닉스버그의 『거짓말쟁이와 모나리자』가 있다. 저자인 코닉스버그는 15~16세기 르네상스를 대표하는 이탈리아의 예술가인 레오나르도 다빈치에 관해 이야기한다. 정확히 말하면 저자는 다빈치의 작품 중 모나리자가 왜 그렇게 걸작이 될 수 있었던가 하는 점을 추적한다. 물론 작품은 픽션이고 내용의 전개는 그야말로 작가의 상상력과 창의력에서 만들어진 것이다. 레오나르도 다빈치가 살았던 시대는 참으로 이상했던 시기였다. 작가도 말하지만, 그 시대는 예술과 전쟁, 창조와 파괴를 모두 숭배했고 그러한 역설이 눈부신 조화를 이루기도 했던 때였다. 그런데 그러한 역설을 모두 구현한 이가 바로 다빈치였다. 그는 손재주가 뛰어났고 스케치와 채색의 재능 또한 최고인 예술가였고 또 그렇게 인정받고 있었다. 그런 그에게 피렌체 상인인 조콘다가 왔고 얼마 전 결혼한 아내

(모나리자)를 소개한다.

그렇다면 어떻게 다빈치의 수많은 걸작 중 「모나리자」라는 그림이 최고 중의 최고가 될 수 있었던 걸까? 작가인 코닉스버그는 그 이유를 레오나르도 다빈치의 구속되지 않은 예술가적 직관과 무책임한 상상력 속에서 찾고 있다. 밀라노 성 최고의 화가이자 지성인이었던 다빈치는 피렌체 상인에게 구속된 것이 조금도 없었다. 그러기에 그는 무한한 자유와 창의력으로 자신이 가진 재능을 온전히 발휘할 수 있었던 것이다. 「모나리자」를 그리면서 그가 그림에 대한 대가를 충분히 제시했겠지만 다빈치라면 그 정도의 돈에 구속될 필요가 없었다. 그는 밀라노의 통치자인 루도비코 공작을 비롯해 당대 최고의 권력자들을 위해 작업했고 파비아 대학의 뛰어난 학자들과 교류도 했으며 아내를 데려온 피렌체 상인보다도 훨씬 더 부자인 사람들의 부탁을 받고 그림이나 조각품을 완성해왔다. 그러기에 그는 어쩌면 그들의 눈치를 보았을 터이고 그들의 취향에 맞춰 작품을 그리거나 만들었을 것이다. 재능이 출중한 그이기에 완성한 모든 작품이 훌륭했지만 그 작품들을 완성하면서 그는 자신의 직관이나 상상력 그리고 창의력을 극대화하지는 못했을 것이다. 하지만 그저 그런 피렌체 상인의 아내를 그려가면서 그는 예술가가 된 후 처음으로 어떠한 구속에도 얽매이지 않는 상태에서 자신이 가지고 있던 선천적 재능과 후천적 기술을 솔기 없이 융합시킬 수 있었다. 결국 무책임한 상상력이 있었기에 절대적인 창의력을 발휘할 수 있었던 것이다. 그런 상태에서 창조된 것이 「모나리자」였던 것이었고 그러기에 그 작품이 가장 뛰어난 걸작이 될 수 있었다고 추론할 수 있다.

9.5 누가 더 뛰어난 소설가인가? “빅토르 위고” 혹은 “도스토예프스키”

아인 랜드는 『우리 살아있는 자들』에서 비극작품의 정당성을 최악의 상황에서도 인간의 정신이 생존 가능함을 보여주는 것에서 찾는다. 같은 맥락에서 그녀는 『아틀라스: 지구를 떠받치기를 거부한 신』에서 “비극적 고통은 그 자체로 의미가 있는 것은 아니며 중요한 것은 고통에 맞서 싸우는 인간의 정신이다”라고 말한다. 그녀는 빅토르 위고와 도스토예프스키를 비교하며 이들이 비극적인 결말의 작품을 주로 썼다고 주장한다. 『소설예술』의 마지막 주제인 “비극과 부정성의 투영”에서이다. 그녀에 따르면 빅토르 위고나 도스토예프스키는 모두 비극적인 결말을 선호했다. 그리고 그들 모두는 작중 인물들이 직면하게 되는 삶의 역경과 고통을 묘사하는 데 집중한다. 하지만 둘 사이에는 약간의 차이가 있다. 도스토예프스키의 인물들이 좀 더 냉혹한 시련에 봉착한다. 그에 따라 그들의 운명도 좀 더 잔혹하다. 하지만 이는 기껏해야 정도의 차이일 뿐이다.

이는 어떤 작품이 더 나은가라는 척도로써는 근거가 빈약하다. 그런데 아인 랜드는 두 작가의 작품 모두에서 "결점"을 찾아낸다. 비평가로서의 시각이 예민해진다. 그녀는 도스토예프스키를 모럴리스트로 규정한다. 그녀는 그가 악함을 드러내는 데 탁월한 능력을 지녔다는 점을 인정한다. 하지만 그녀는 그가 선함을 드러내는 데는 철저한 결점을 지녔다고 한탄한다. 도스토예프스키는 인간의 지성과 감수성을 잘 포착했고 설득력 있게 그려냈다. 때문에 그의 작품을 읽고 나면 인간본성에 대해 더 잘 알 수 있게 되며 도덕적 교훈도 충분히 얻을 수 있다. 그렇지만 미학적 혹은 예술적인 공감이 느껴지지는 않는다. 작품을 읽는다는 것은 읽기 그 자체가 목적은 아니기 때문이다. 그의 소설은 예술적이기보다는 교훈적이다. 그러나 소설을 읽는 목적은 살아있는 사람들의 모습을 보면서 그들이 누구인지를 이해하기 위함이다. 물론 인간의 본성과 본질을 이해할 수 있는 방법은 소설 이외도 존재할 수 있다. 이를테면 논픽션도 하나의 방법일 수 있겠다. 하지만 인간의 내면과 본성을 구체화한다거나 인간의 본질적인 가치를 실체적으로 구현하는 데 있어 소설은 가장 이상적인 매체이다. 아인 랜드는 바로 이 점을 강조한다. 그러면서 그녀는 빅토르 위고가 도스토예프스키보다 훨씬 더 예술적인 작가임을 단언한다. 물론 그녀는 빅토르 위고의 작품에 대해서도 불만을 쏟아낸다. 요컨대 위고의 사상이 자기와는 다르고 그의 비극적 결말도 수긍되지 않을 때가 많다는 것이다. 그럼에도 불구하고 그녀는 위고를 도스토예프스키보다도 더 나은 작가라고 말한다. 그것은 아인 랜드의 기준에서 위고는 도스토예프스키에 비해 더불어 살아가고 있는 사람들의 모습이나 사건을 훨씬 더 생동감 있게 표현하고 있기 때문이다. 이것은 그만큼 더 큰 공감을 불러일으킨다는 강점이 된다. 도스토예프스키는 인간의 악행과 같은 부정성을 부각시킴으로써 그것이 나쁘다는 식의 교훈을 주는 데 집중했다.

그렇지만 그는 인간의 선행을 포착하는 데 미숙했고 그 결과 공감을 이끌어내는 데에도 실패했다. 빅토르 위고는 도스토예프스키만큼 자기만의 확고한 사상이 없었고 그로 인해 작품에서의 일관성이 부족했다. 하지만 그는 인물묘사에 있어 구체적이었고 생동감이 있어 공감을 얻어내기에 충분했다. 그렇다면 결국 빅토르 위고나 도스토예프스키 중 누가 더 뛰어난 소설가인가? 아인 랜드는 빅토르 위고라고 주장한다. 20세기 모더니즘을 대표하는 시인 T. S. 엘리엇은 좋은 시/작품의 조건을 다음과 같이 말했다. “좋은 시/문학은 스토리의 단순한 전달이 아닌 공감을 불러일으켜야 한다.” 이는 아인 랜드의 주장과 일치한다. 사실 모든 문학은 이러해야 한다.

제 10 장

Why Do We Travel?

10.1 Why Do We Travel?

알랭 드 보통은 “여행에 대한 기대와 현실 사이엔 간극이 있겠지만 그런 차이를 인식하는 것 자체가 진리를 알게 되는 것”이라고 한다. 그의 말을 차치하고서도 여행은 그 자체로 행복을 준다. 빌 브라이슨은

“여행을 통해 낯선 곳의 문화를 경험하는 일은 멋진 일이며 여행기를 읽는 것만으로도 인생은 즐겁다”고 말한다. 얼마 전 우리나라를 방문하기도 한 여행전문칼럼니스트 패트리샤 슐츠는 “여행이 영감의 원천임”을 강조한다. 그녀는 세상을 책에 비유한다면 여행을 하지 않는 사람은 오직 한 페이지만을 읽고 있는 것이라고 주장한다. 미국의 소설가인 존 스타인벡의 경험에서도 여행의 필요성을 알 수 있다. 그는 뉴욕에 살면서 보고 들은 내용의 글을 쓰면서도 미국을 대표하는 작가라고 생각했다. 하지만 서부지역을 여행한 후 그는 자신의 이야기들이 전혀 미국적이지 않았다는 것을 알게 된다. 그는 자기의 글이 기껏해야 불명확한 기억이나 인상에서 비롯된 것이었고 그것마저도 왜곡된 것이었음을 깨닫게 된다. 이처럼 지식과 지성의 지평을 넓히는 데에는 책이나 신문, 텔레비전이나 인터넷만으로는 한계가 있다. 어떤 곳을 알기 위해서는 그곳의 풀과 나무들의 향기나 물의 흐름과 도시의 모습을 직접 체험하는 것이 필요하다.

여행은 세계관을 넓히고 스스로를 돌아볼 수 있게 하며 모험을 즐기도록 하며 어려운 일에도 과감히 맞서도록 만든다. 여행은 새로운 곳의 지리나 문화를 접하는 과정에서 이야깃거리를 만들어 내도록 하며 생각을 깊게 하고 어려운 일을 해냈다는 성취감을 느끼게도 한다. 그리고 이 모든 경험은 자아의 영역을 확장시켜 사회인으로서의 경쟁력을 강화시킨다. 그러므로 여행은 삶을 풍요롭게 하고자 하는 자 모두에게 중요하다. 미래 사회의 주인인 젊은이들에겐 특히 더 그렇다.

10.2 Red Phone Booth at HIROO, Tokyo

일본 도쿄에서의 일이다. 히비야 선 히로오역 1번 출구를 지날 때였다. 공중전화부스가 빨간색으로 칠해져 있는 모습을 보게 되었다. 화려한

색이었고 강렬한 색이기도 했다. 들뜬 마음에 한참을 머뭇거렸다. 비단 공중전화부스에 선택된 색상이 빨강이어서만은 아니었다. 초록이나 노랑 아니면 오렌지 색상이어도 산뜻하고 새로웠을 것이다. 그럼에도 빨강은 열정과 힘이 느껴지는 색이다. 세종특별자치시에 있는 국립도서관을 몇 번 이용한 적이 있다. 그곳엔 층마다 빨강공중전화부스가 놓여 있었다. 다른 곳과 다른 점이 있다면 그 부스엔 전화기가 없다. 그곳의 부스는 순전히 휴대전화기 이용객들을 위한 방음의 공간으로서만 활용될 뿐이다. 왜 빨간색부스인가를 생각한다면 미와 더불어 눈에 쉽게 띄는 선명한 색상이어서라는 추론이 가능하다. 그리고 런던의 대표적인 색상을 떠올렸을 가능성도 크다.

영국에 머무는 동안 인근 소도시에 살면서 런던을 자주 방문했다. 런던은 한 때 빅벤Big Ben으로 불렸던 엘리자베스타워가 있고 템즈강을 가로지르는 도개교와 현수교를 결합한 형태의 유명한 타워브리지가 있다. 요즘엔 국회의사당 맞은편의 런던아이Londoneye나 작은 오이지를 닮았다고 해서 이름 지어진 거킨Gherkin 건물이 많은 관심을 끈다. 하지만 런던을 대표하는 것은 빨강버스이다. 빨강우체통도 영국적이지만 그것은 이미 전 세계적인 공유물이 되었다. 하지만 더블데커doubledecker라 불리는 영국의 빨간색 이층버스는 오로지 런던을 대표한다. 런던 이외의 버스도 더블데커가 많다. 그래서 이층버스를 타고 영국의 시골을 여행할 때면 높은 버스의 지붕이 나뭇가지에 부딪칠 때가 많았다. 그리고 그러한 부딪침을 방지하기 위해 나뭇가지를 직각의 홈으로 절단한 모습을 볼 수 있기도 하다. 하지만 이들 버스는 빨강이 아니다. 자주색이나 초록색 그리고 청색이나 옅은 보라색 등으로 다양하지만 온전히 빨간색은 아니다. 간혹 빨간색의 버스가 보이더라도 런던의 버스와는 다르다. 빨강버스는 오롯이 런던의 상징이자 런던 그 자체이다.

미국에 폴 오스터라는 작가가 있다. 그리고 그가 쓴 포스트모던적인 『유령』이라는 소설이 있다. 여기에 등장하는 인물들의 이름은 블랙이고 화이트이다. 옐로우가 있고 블루가 있고 브라운이 있다. 색깔은 개성이고 상징이다. 마침 모 방송국의 한 프로그램에서 남성 진행자는 여성게스트를 다양한 색깔을 지닌 배우라고 소개한다. 문득 언젠가 누군가의 필통에 쓰여 있던 문구가 떠오른다. “당신은 무슨 색깔입니까?” 이렇듯 한 사람의 개성은 자주 색상으로 표현된다. 빨간색 공중전화부스 앞에 머뭇거리며 과연 나는 그리고 우리는 어떤 개성의 색상일까를 생각했다.

제 11 장

Trivial Thoughts in the Age of A.I.

11.1 http://www.amazon.com

한때 http://www.amazon.com이라는 검색창을 자주 이용한 적이 있었다. 아마존닷컴은 2018년 그해 세계 기업 브랜드 가치 순위에서 당당히 1위에 올랐다. 그런데 여기서 아마존amazon은 문화나 문학의 대표적인 산물이라 할 수 있다. 아마존 하면 대개의 사람들은 페루의 안데스 산맥으로부터 브라질을 거쳐 저 멀리 대서양으로 흘러드는 강의 이름을 떠올릴 것이다. 그보다 먼저 아마존은 고전신화에서 흑해 근처에 살았다고 전해지는 여성전사의 종족을 일컫는 말이었다. 혹은 남미에서 전설상의 여성전사를 가리키는 말이기도 했다. 아마존이라는 용어는 원래 a-mazos, 즉 '가슴이 없다' 는 의미였는데, 이는 남자 없이 사는 여성전사들이 사냥을 하면서 활시위를 당길 때 거추장스러워 한 쪽 가슴을 제거했다는 데서 유래한 말이다.

카자흐스탄의 고려인 작가인 아나톨리 김의 대표적인 환상문학인 『켄타우로스의 마을』에서는 아마존 종족의 여성들이 오른쪽 가슴을 불에 지지는 방법으로 성인식을 치르는 장면이 나온다. 그러면 이런 기원을 가지는 아마존이 미국의 대규모 인터넷 쇼핑판매망을 지칭하는 용어로서 자리매김했을까하는 의문이 든다. 여기엔 아마도 아마존이 불개미amazon ant를 뜻하는 용어라는 점도 크게 고려된 듯하다. 미국뿐만 아니라 전 세계에 촘촘히 연결되어 있는 인터넷 연결망을 통해 구매자들에게 의뢰받은 물건을 성실히 전달해주는 역할을 고려하면 부지런한 개미들을 뜻하는 아마존보다 더 적합한 상호는 없을 것도 같다. 물론 아마존에는 중남미 지역에 사는 푸른 앵무새라는 의미도 담겨 있다. 처음 amazon.com에 접속했을 때 신선하게 보이던 푸른색의 홈페이지 화면 역시 우연이 아닐 터였다.

11.2 http://(us) yahoo.com

한때 내 컴퓨터의 인터넷 검색창은 언제나 http://(us) yahoo.com으로 맞춰져 있었다. 이유는 두 가지이다. 하나는 다른 검색창에 비해 화면의 색상

이 신선하다는 것과 또 다른 하나는 영어 인터넷망에 접근이 용이하다는 것 때문이다. 그런데 인터넷 검색창이 '야후yahoo'가 아니더라도 대개의 사람들은 이곳을 이용해 영어권국가의 정보에 접근한 적이 있었다. 하지만 그들 중 과연 몇 명이나 야후의 의미를 알고 있겠는가? yahoo.canada를 이용해 free online dictionary에서 yahoo를 검색하면 "a crude, brutish, or obscenely coarse person," 즉 "거칠고, 야만적이며, 음란하고 상스러운 인간(인간이라고?)" 이라고 설명되어 있다. 20세기 후반부터 가장 발달된 전자정보망의 검색창이 가장 거칠고 야만스럽다니 무척이나 역설적이다. 아니 어쩌면 그처럼 야만스런 인간을 가장 문화적인 사람으로 변모시킬 수 있는 정보나 지식을 전달해주는 공간이라는 측면에서 해석하면 설득력이 없는 것은 아니다. 하지만 필자가 여기서 하려는 말은 사전상의 의미를 풀이하자는 것은 아니다.

몇몇 애독자들은 익히 알고 있겠지만 본래 yahoo는 18세기 영국의 소설가인 조나단 스위프트의 『걸리버 여행기 중 마지막 제4부인 「휘늠(말의) 나라Houyhnhnmland에 나오는 짐승에서 유래된 말이다. 스위프트의 『걸리버 여행기』는 풍자문학을 대표하는 작품인데, 여기서 야후는 인간을 자신과 같은 종족으로 생각한다. 이쯤 되면 이 작품을 통해 작가가 풍자하려는 대상이 무엇인지 모두가 짐작할 것이다. 21세기로 들어서면서 전 세계인들은 스마트 폰과 아이패드로 무장하고 데스크 탑이나 랩 탑 등을 이용해 글자 그대로 "무진장"이라는 이름을 가진 정보의 바다에서 인터넷서핑을 즐긴다. 그런데 그들이 바다에 들어가기 전 반드시 부딪치게 되는 인물은 "야후"라는 짐승이다. 얼마나 아이러니컬한 상황인가?

11.3 Trivia는 '트라이비어' 일까? '트리비아' 일까?

10여 년 전 할리우드판 만화영화가 방영된 적이 있었다. 내용은 그리스

신화에서 최고의 신인 제우스와 그의 동생들인 포세이돈과 하데스 간의 권력다툼에 관한 것이었다. 포세이돈과 하데스는 서로 공모해 제우스를 제위에서 끌어내렸고 그로 인해 세상의 질서는 어긋나게 된다. 그렇지만 Trivia라는 광대의 도움으로 제우스는 다시 왕권을 되찾는다.

만화영화의 결말이 대개 그러하듯 세 형제는 화해를 하면서 Trivia의 공적을 칭찬하는 장면이 나온다. "트리비아 고마워, 너 때문에 질서를 회복하게 되었어." 그들은 Trivia를 보며 말한다. 하지만 Trivia는 시무룩한 표정으로 입을 삐죽거리더니 화난 목소리로 거칠게 항변한다. "난, 트리비아가 아니에요. 난, 트라이비어에요!" 미소가 흘러나왔다. 이쯤 되면 누구라도 언어미학에 도취될 법하지 않은가! '트리비아Trivia[trívia]'는 '하찮다'는 의미를 연상시키며 '하찮은 녀석' 이나 그야말로 '광대clown'를 뜻하는 말이다. 그래서 Trivia는 입에 거품을 물며 항거했던 것이다. 그러면서 그가 자신을 '트라이비어Trivia[traivia]'로 불러달라고 간청하는 것은 이름의 의미가 완전히 달라지기 때문이다. '트라이Tri'는 3을 뜻하고 '비어/바이어via'가 서로 연결짓다는 의미라면 트라이비어는 싸움의 멋진 중재자가 된다. 그렇다면 재치를 넘어 아름답지 않은가, '트라이비어'라고 외치는 '트리비아' 의 간절한 항거가?

제 12 장
커피, 시 혹은 소설, 그리고 인생

12.1 커피, 시 혹은 소설, 그리고 인생

20세기 초 미국의 여류작가인 윌라 캐더는 소소한 일상이 인생에서 가장 행복한 때임을 이렇게 강조한다. “때때로 인생에서 가장 행복한 때는 결혼식일 수가 있지만, 대개의 경우 사람들이 가장 떠올리기를 좋아하는

날은 특별한 사건은 일어나지 않았지만 세상이 온통 황금빛으로 물들어 있는 듯 보였던 바로 그 평범하고 조용했던 날입니다." 그녀의 『좋은 이웃, 로시츠키 영감』이라는 소설에서는 커피를 좋아하는, 아니 커피와 함께 인생을 살고 있다고 표현하는 것이 더 적절한 체코로부터 미국으로 건너온 로시츠키라는 농부가 주인공이다. 그는 심장병에 걸려 살 수 있는 날이 얼마 남아 있지 않지만 커피를 마시는 습관을 버리지 못한다. 아니 그를 진료한 의사조차 커피가 그에겐 살아가는 일상의 행복의 원천이 된다고 믿는다. 의사는 "전 아직 보헤미아 인들에게서 커피를 떼어놓는 방법을 찾지 못했어요. 그런 노력은 아예 포기했어요."라고 말한다.

배움이나 기술도 없는 그리고 무엇보다도 영어도 모르는 미국의 이주민들에게 커피 한 잔은 삶의 고단함과 외로움을 견디게 하는 유일한 위로가 된다. 가족과 함께 로시츠키 영감이 살고 있는 집은 "크림이 듬뿍 담긴 향내 나는 커피가 있어" 더 좋은 사랑의 공간이 된다. 아내에게 자신의 심장이 좋지 않다는 사실을 고백할 때에도 로시츠키 영감은 커피를 타서 아내에게 권한다. 그가 권하는 커피엔 평생을 함께 한 아내에 대한 고마움이 가득하다. 행복한 일이 있거나 슬픈 일이 있을 때 로시츠키 부부는 늘 커피와 함께 했고, 커피를 마시면서 행복감을 배가시키거나 슬픔을 위로했다. 죽던 날 아침 로시츠키 영감은 "커피가 평소보다 더 맛이 있다"고 아내에게 말한다. 그 말이 그가 남긴 유일한 말이다. 더 이상의 말은 없다. 더 이상의 말이 왜 필요하겠는가? 그들은 커피와 함께했고, 그들의 사랑도 커피와 함께했다. 커피가 평소보다 더 맛있다는 말은 인생의 동반자였던 아내에게 그녀가 있어 행복했다는 최고의 찬사인 것이다. 그것은 동반자로 살아온 아내에 대한 사랑과 감사의 표현이자 임박한 죽음을 자연스럽게 받아들이는 초연함의 표현인 것이다.

12.2 T. S. 엘리엇의 「J. 알프레드 프루프록의 연가」에 대한 보다 더 "진실한" 해석

T. S. 엘리엇은 「J. 알프레드 프루프록의 연가」라는 시에서 "내 인생을 커피 스푼으로 재어왔다I have measured out my life with coffee spoons"고 말한다. 이는 일상적이고 반복되는 지루한 일상을 표현하는 일종의 "객관적 상관물"이다. 그런데 이 시행엔 또 다른 역설적인 의미가 숨어 있다. '하나는 슬프고, 또 하나도 슬프다. 하지만 나머지 하나는 기쁘다.'

슬픈 하나 : 우리는 넘치는 자신감으로 세상과 맞서지만 노년이 되면서 그러한 자신감은 급격한 소심함으로 바뀐다. 태어나는 순간 우리에겐 "그동안 존재하지 않았던 세계가 존재하게 된다." 이때 우린 세상의 중심이고, 전능한 신이다. 우린 지상에 우뚝 서고 하늘을 향해 날아오른다. 그러나 자신감으로 충만한 그 시간은 극히 한순간이다. 하늘을 향해 날게

한 그 포부는 어느 순간 이카로스의 날개가 된다. 아니 처음부터 이카로스의 날개였는지도 모른다. 잉게보르크 바하만은 "추락하는 것에는 모두 날개가 있다"고 말한다. 이는 현실성이 없는 허황된 날갯짓은 추락의 결과만을 가져온다는 말이다. 하지만 허황된 날갯짓이 아니더라도 우리 모두는 추락을 경험한다. 크고 작은 낙차의 추락을 피할 수 없다. 어른이 되어갈수록, 그리고 노인이 되어갈수록 우리의 소심함은 점점 더 커져만 간다. 하늘을 향해 날아올랐던 기상은 과거의 기억일 뿐이다. 먼 훗날 지금을 돌이켜본다면 비상의 흔적은 찾을 수 없을 것이다. 무엇 하나 제대로 성취한 일이 없을 것이다. 단지 아침저녁 스푼으로 커피를 저으면서 소심한 자아를 자위했던 잔영만이 남을 뿐.

또 다른 슬픈 하나: 이 시에서 프루프록은 나이 들어가는 자신의 모습을 안타까워하며 마지막 로맨스의 가능성을 엿보기도 한다. 그는 치열한 인생을 살아왔다. 학교에서는 우등생이었고, 사회에서는 능력 있는 은행원이었다. 시도 썼고, 평론도 썼다. 시인이 되었고, 평론가도 되었다. 재능을 발휘했고, 존경을 받았다. 돈도 벌었고, 당대 최고의 아름다운 발레리나와도 결혼했다. 하지만 시간이 지나면서 외로워졌다. 언제부턴가 문학적 영감이 사라지자 명성 또한 시들해졌다. 아내가 정신병원에 입원하면서부터는 파국으로 치달았다. 한때 부러움과 시기의 대상이었던 그들의 결혼생활은 비참한 종말을 고하고 있었다. 고독했다. 두려웠다. 어찌 보면 고독감보다는 소멸에 대한 두려움이 더 큰 것이었다. "에로스의 본질이 소멸에 대한 두려움임을 포착하는 것"(『경향신문』, 2012. 4.19. 박범신)이라고 했던가? 그는 자신의 외로움과 고독을 사교계 여성들과의 로맨스를 통해 치유받고자 한다. 신문을 읽는다. 사교기사를 찾는다. 심호흡을 한다. 무도회장을 향해 길을 나선다. 하지만 갑자기 다리가 풀린다. 온몸에 힘이 빠져나간다. 갑자기 자신이 없다.

모든 이들이 자신을 주시하는 것 같다. 점잖았던 그가 사교계 여성들과의 하룻밤 쾌락을 쫓는 모습에 충격을 받은 표정들이다. "아니, 아닙니다! 난 아직 그곳에 가지도 않았는걸요. 그저 조금… 아주 조금 그런 생각을 했을 뿐이라고요." 그는 항변한다. "당신은 저질이에요. 나잇값을 하세요. 우린 당신이 신사인줄 알았어요. 실망이군요. 하하하, 그 몸매에 사내라고…." 그들이 비웃는다. 아니 그런 지레짐작에 그는 움츠러든다. 얼굴이 빨개진다. 온몸이 새빨개진다. 이제 더 이상 가로등 환한 대로를 가로질러갈 용기가 없다. 골목길로 들어섰다. 굴 껍데기 가득하고 담배꽁초와 쓰레기가 톱밥과 뒤섞여 있는 음산한 뒷골목이다. 하지만 이곳도 안전지대가 아니다. 시끄러운 선술집 뒷문엔 건장한 사내들이 버티고 있다. 그들의 팔뚝은 자신의 허벅지만큼 굵고 강하다. 그는 재빨리 자신의 다리를 내려다본다. 게 다리처럼 가늘다. 험상궂은 눈들이 노려본다. 힘이 풀린다. 그는 이제 더 이상 제대로 걷지도 못한다. 힘이 풀린 다리는 완전히 말라비틀어진 게의 다리다. 속이 텅 빈 플라스틱이다. 비틀대며 걷는다. 옆으로 걷는다. 좁은 골목길은 끝이 보이지 않는다. 하늘까지 이어진다. 다이달로스가 만든 미로다. 이카로스를 꿈꾼다. 하지만 그에겐 날개가 없다. 불쑥 나온 배 몸뚱이를 가느다란 다리로 겨우겨우 버티고 있을 뿐이다. 사교장이 보인다. 드디어 도착했다. 심장이 두근거린다. 밝은 불빛에 눈이 부신다. 현기증이 난다. 방향을 튼다. 돌아가고 싶다. 그 순간 여성들의 소근대는 소리가 들린다. 심장이 뛰기 시작한다. 방안에서 스커트 자락의 끌리는 소리가 들린다. 작지만 선명하다. 청각이 자극된다. 심장이 터질 것만 같다. 문틈으로는 분 냄새가 스며나온다. 후각이 자극된다. 소름이 돋는다. 정신이 혼미해진다. 숨이 막힌다. 당장이라도 문을 박차고 싶다. 그녀를 보고 싶다. 그녀의 손을 잡고 싶다. 그녀와 춤추고 싶다. 밤을 함께 즐기고 싶다. 몸이 뜨거워진다. 땀이 난다. 땀이 흐른다. 더 이상 참을 수 없다. 손잡이를 잡는다. 하지만 그 순간 열기가 급격히 떨어지면서 심장의 고동 또한 느려진다. 그는 알고 있다. 이미 알고 있었다. 젊은 사교계 여성들에게 벗겨진 머리와 볼록한 배 그리고 가느다란 다리는 전혀 흥미의 대상이 아니다. 마음속으로 외쳐본다. 나는 지성인이다. 하지만 그것이 위안이 되지는 못한다. 자신이 더 잘 알고 있기 때문이다. 그는 그들과 경쟁이 되지 못한다. 지성 있는 나약함은 지성 없는 강인함을 이기지 못한다.

승자는 혼자다. 하지만, 그는 그 승자가 되지 못한다. 문득 예이츠의 명상시 「비잔티움으로의 항해」에서의 시구가 떠오른다. "이/저곳은 노인을 위한 나라가 아니다. 젊은이들은 서로서로 팔을 두르고… 감각적인 음악에 사로잡혀, 늙지 않는 지성의 기념비 따위는 모두가 무시해버린다. 노인은 하찮은 존재, 막대기 위에 걸쳐진 누더기 옷에 지나지 않는다." 이제 그가 분내 나는 여성들에게 쾌락을 요구하는 것은 우주를 뒤흔드는 일만큼 두렵고 힘에 붙인 것이기도 하다. "내가 우주를 한 번 흔들어 볼까?Do I dare disturb the universe?" 하지만 그는 그러지 못한다. 그의 속내는 이렇다. "네가 어찌 감히 우주를 흔들 수 있으랴!" 그는 돌아선다. 더 이상 자신을 위한 자리는 없다. 자신의 눈길에 화답해줄 여성은 존재하지 않는다. 감각적인 쾌락을 좇는 그들에게 지성은 아무런 매력이 되지 못한다. 허영일 뿐이다. 그에게 젊음은 사라졌다. 회복되지 않는다. 집으로 향한다. 비가 내린다. 비에 젖는다. 문을 연다. 몸이 떨린다. 물을 끓인다. 커피를 탄다. 한 스푼 그리고 두 스푼, 거기에다 크림과 설탕을 넣는다. 아직도 몸이 떨린다. 그러자 그는 다시 한 번 스푼을 집어든다. 크림과 설탕을 번갈아가며 퍼낸다. 평소보다 더 진하고 더 달콤하게 커피를 만든다. 스푼에 힘을 준다. 누구의 간섭도 받지 않았다. 완전한 자유를 누렸다. 커피를 타는 동안 그는 스푼을 휘두르는 폭군이 되었다.

그는 자유를 얻었다. 크림으로 그는 우주를 만들었다. 그런 다음 곧바로 그것을 망가뜨렸다. 이제 그는 우주를 흔들어 놓은 꼴이 되었다. 온전한 평화를 맛보았다. 아뿔싸! 그는 잊고 있었다. 자기는 돈키호테가 아니었다. 햄릿이었다. 그 평범한 사실을 이제야 깨닫는다. 그렇지만 그는 그 사실에 안도한다. 편안함을 얻는다. 이렇게 해서 그는 자신의 인생을 커피 스푼으로 재었다.

기쁜 나머지 하나: 헤럴드 블룸은 문학은 즐거움을 주는 것이 최고의 목적이라 말한다. 하지만 즐거움을 주고 있는 커피는 이미 그 최고의 목적을 이루었다고 할 수 있다.

제 13 장

Coda - 세 가지 질문에 대한 답변

13.1 그렇다면, 왜 문학인가?

“문학은 인생에 즐거움을 주기 때문이다.” 헤럴드 블룸은 『교양인의 책읽기』에서 문학의 목적은 즐거움을 주는 것이라고 말한다. 그런데 그의 이 말은 대다수의 문학가들이 공통적으로 인정하고 있는 바라고 할 수 있

다. 18~19세기의 영국의 대표적인 낭만주의 시인인 S. T. 콜리지는 그의 『문학평전』에서 "시는 진리보다는 오히려 즐거움을 주는 것"이라고 말한다. 물론 2세대 낭만주의자인 존 키츠는 그의 대표적인 「희랍항아리의 노래」라는 시에서 "미가 진리고 진리가 미이다"고 말하는데, 이를 보면 아름다운 미를 통해 즐거움을 얻는다면 그 순간이 바로 진리에 이르는 지점이라 할 수 있다. 문학작품을 통해 즐거움을 얻고 그러한 즐거움 속에서 삶과 인생의 진리를 터득하게 된다면 문학은 그 자체로 의미가 충분하지 않을까?

13.2 문학의 가치는 어디서 오는가?

"문학적 상상력은 내일의 희망을 꿈꾸게 한다." 그리스의 철학자 플라톤은 시와 문학에 대해 부정적으로 말한 적이 있다. 그는 모든 사물과

관념의 본질은 이데아인데 그러한 이데아를 모방한 것이 자연이고 또 그런 모방인 자연을 또 모방한 것이 시라면 그러한 시를 쓰는 시인은 거짓의 거짓을 말하기 때문에 무용하다고 주장한다. 그는 서정시나 서사시 그리고 그것으로부터 파생한 장르인 연극 등이 모두 다 거짓일 뿐만 아니라 현실로부터 주의를 분산시키기 때문에 부정적이며 위험하기까지 하다고 생각한다. 그는 결과적으로 문학이 사람들의 생각을 흐리게 한다고 말한다. 그러자 그의 제자인 아리스토텔레스가 반박한다. 그는 스승의 논리가 충분히 그럴 듯하고 타당한 측면이 있다는 점은 인정한다. 하지만 그는 그렇다면 그런 이데아의 영역에 우리가 도달하는 방법은 무엇인지에 대해 반문한다. 그는 인간이 절대 진리에 도달하는 유일한 방법은 상상력을 통한 것이기에 상상력을 다루는 시인은 필요하고 그러한 상상력의 산물인 시 또한 필요하다 말한다. 존 서덜랜드는 저서 『문학소사』에서 인간의 삶은 수학적으로만 말할 수 있는 것이 아니고 『이솝우화』나 찰스 디킨스의 소설은 숫자나 도식으로는 설명할 수 없는 교훈이나 즐거움을 주기 때문에 유용하다고 주장한다. 그는 문학이 모음과 자음의 글자로 구성된 조합이고 그런 조합들은 마술사가 모자에서 끄집어내는 마술과 같은 것이라고 말한다. 같은 맥락에서 막상스 페르민은 『네이쥬』라는 소설에서 그러한 글자와 언어를 다루는 예술가를 곡예사에 비유한다. 그것은 곡예사가 외줄을 타면서 발을 헛디디지 않기 위해 한 걸음 한 걸음 주의를 집중하듯이 예술가 또한 모음과 자음의 글자로 아름다운 작품을 쓰기 위해 한 글자 한 글자 정신을 집중하기 때문이다. W. H. 오든이라는 20세기 초 미국의 시인은 문학의 효용성 중 즐거움을 주는 일이 가장 클 것이라고 말한 적이 있다. 지치고 힘든 일상에서 두렵고 불안한 시대에서 모호하고 불안한 현재에서 평온과 즐거움을 얻을 수 있다면 그것만으로도 문학은 충분히 가치가 있지 않을까? 소설가 이외수는 『하악하악』

에서 문학이 현실과 별리되어 있다고 말하는 사람들이 있는데 그들은 태양으로 담뱃불을 붙일 수 없다고 투덜거리는 사람과도 같다고 말한다. 그건 그만큼 어리석은 사람들이라는 의미일 것이다. "어여쁜 햇빛 한 올이 나무 등걸에 걸터앉아 있다." 입으로 읽으면 소리가 아름답고 눈으로 읽으면 의미가 아름답고 눈과 입으로 읽으면 마음이 즐겁다. 강은교의 『햇빛소리』에 나오는 구절이다. 거친 세상을 살아가면서 힘겹고 더 거친 사람들을 만나 더 힘겨울 때 문학을 통해 즐거움을 느낄 수 있다면, 작은 위안을 얻을 수 있다면, 문학적 상상력으로 오늘과 내일에 대한 희망을 품을 수 있다면 문학은 그것만으로도 충분한 가치가 있지 않을까?

13.3 우리는 왜 문학작품을 읽어야 하는가?

"그것은 우리의 삶을 풍성하게 만들어주기 때문이다." 위대한 작품이

주는 감동은 결코 고갈되지 않으며 사실 문학작품은 그런 불멸성으로 인해 위대함이 계속 증폭된다. 셰익스피어라 하면 『햄릿』, 『맥베스』, 『오셀로』, 『리어 왕』 등 이른바 4대 비극의 작가로 잘 알려져 있다. 그런데 그는 이러한 비극작품 못지않게 『말괄량이 길들이기』, 『한여름 밤의 꿈』, 『십이야』 등의 뛰어난 희극작품을 썼으며 소네트로도 유명하다. 그중 60번 소네트에는 문학작품의 불멸성을 찬미하는 내용이 있다. 그는 시간은 자신이 베풀어준 선물을 파괴한다고 하는데 선물이란 사람을 태어나게 해서 아름다운 청춘으로까지 성장하도록 한 것을 의미한다. 그런 시간이 이번엔 역설적으로 눈부신 청춘을 소진시키고 노쇠가 그러한 영광을 침범하도록 조장하는 역할을 한다. 그야말로 "시간은 청춘의 투구에 꽂힌 새 깃을 꿰뚫고 미인의 이마엔 깊은 주름을 파놓게 된다." 가장 믿었던 시간이 가장 큰 배신을 하는 것이다. 이에 셰익스피어는 그런 시간이 잔인하다 말하며 그것을 날카롭고 냉혹한 긴 낫에 비유한다. 낫이 주는 어감이 무척 차갑다. 하얗게 갈린 날에다 손가락을 베인다고 생각하면 온몸이 차가워지는 느낌이 든다. 그는 그런 차가운 말에 베이지 않는 것은 없다 말한다. 시간의 흐름에 따라 청춘의 아름다움은 불가역적으로 사라져가는 것이다. 그렇지만 그는 시간의 흐름을 거스르려 한다. 1920년대 미국의 화려하고 향락적인 재즈 시대를 배경으로 그 당시 흔히 "길 잃은 세대"로 불리는 로스트제너레이션들의 무절제와 환멸을 그리는 작가가 있다. 그의 대표작인 『위대한 개츠비』는 지금까지 수십 년 동안 미국인들에게 가장 인기 있는 작품이었다. 그의 이름은 스콧 피츠제럴드였고 그 역시 시간의 흐름을 거스르려 한 적이 있다. 그의 작품 『벤자민 버튼의 시간은 거꾸로 흐른다』에서 주인공 벤자민은 나이를 거꾸로 먹는다. 실제로 나이를 거꾸로 먹을 수는 없지만 여하튼 그는 노인으로 태어나서 갓 난 아이로 죽음을 맞는다. 『벤자민 버튼의 흥미로운 사건』이 실제 원제이기는 하지만 우리말 번역가의 '벤자민 버튼의 시간은 거꾸로 흐른다' 는 해석이 작품의 특성을 잘 함축해준다.

주인공은 시간을 거스르지만 결국 죽음이라는 파국과 종말을 피하지는 못하게 된다. 피츠제럴드가 이 글을 쓰게 된 동기는 "가장 좋은 것은 처음에 오고 가장 나쁜 것은 가장 나중에 온다" 고 했던 『톰 소여의 모험』과 『허클베리 핀의 모험』의 작가로 잘 알려진 마크 트웨인의 말에서 영감을 얻어서였다고 한다. 아이의 죽음이 노인의 죽음보다 더 아리고 슬퍼서였을까? 설령 시간을 거스른다 해도 인생의 종말은 죽음이고 그것을 피할 수 없다. 하지만 벤자민 버튼은 죽지만 우리는 여전히 벤자민 버튼에 관한 이야기하고 있다. 그리고 이 작품의 작가인 스콧 피츠제럴드 역시 죽었지만 우리는 다시 또 여전히 『벤자민 버튼의 시간은 거꾸로 흐른다』라는 그의 작품에 대해서 이야기한다. 그것은 그의 작품이 영속적인 감동을 줄 만큼 위대하기 때문에 그럴 것이다. 이를 보면 "위대한 작품이 주는 감동은 고갈되지 않으며 문학작품은 그런 불멸의 요소들로 인해 더욱 위대해진다" 는 존 서덜랜드의 말이 사실임이 입증된다. 다시 셰익스피어이다. 그는 소네트의 후반부까지 시간이라는 "낫에 의해 베어지지 않고 남는 것은 아무것도 없어라" 라고 말하지만 마지막 2행 연구인 커플릿을 보면 "그러나 내 시는 잔인한 시간의 손길에도 불구하고 영원히 살아남으리라" 라고 말한다. 그는 시적인 영감과 천재적 재능이 합작해 만들어낸 자신의 시는 시간의 흐름에 의해 소멸되지 않을 것이고 잔혹한 시간을 거스르고 나서도 여전히 살아남게 될 것이라 자신한다.

그렇다. 이것이 문학의 본질이고 생명력이고 위대성이다. 문학은 우리의 마음과 감수성을 단순화해서 바라보지 않는다. 문학은 인간의 마음과 감수성을 확장해 모호하고 복합적인 적인 것을 보다 잘 조절할 수 있는 지점에 이르게 한다. 이것이 우리가 문학을 읽는 이유이다. 그렇다면 다시, 왜 우리는 문학작품을 읽어야 할까? 왜 우리가 문학 작품을 읽어야 할까? 그것은 문학 작품이 그 어느것도 하지 못하는 방식으로 우리의 삶을 풍성하게 만들어주기 때문이다. 작품을 읽음으로 해서 우리는 문화와 인종을 이해할 수 있고 그럼으로써 전 인류적 공감대도 형성할 수 있게 되기 때문이다.

Epilogue

이 세상에는 단 '하나'의 이야기만 존재할 뿐이다.

토마스 포스터는 『교수처럼 문학읽기』에서 오직 한 가지 이야기만이 존재한다고 주장합니다. 문학은 인간과 삶에 관한 이야기인데 사람이 느끼는 감정엔 공통된 요소가 존재합니다. 인간의 인문학적 사고는 플라톤과 아리스토텔레스의 시대와 이론을 벗어나지 못한 것 같습니다.

만약 인간의 감정이 제각각 다른 것이고 어떠한 공통점도 없다고 한다면 문학은 존재할 수 없고 존재할 가치도 없는 것이겠지요. 프로이트나 라캉의 심리학이론에서 끊임없이 설명되는 원형이라는 것도 그 같은 공통점을 기반으로 한 것일 테지요. 이처럼 인간은 사고와 감정에 있어 공통된 영역이 존재하며 궁극적으로는 동일한 지점을 지향합니다. 그렇기 때문에 세상에는 오직 단 하나의 이야기가 있을 뿐이고 그 이야기는 언제나 있어왔던 것이고 주변에 널려 있는 것이고 우리가 지금까지 보거나 듣거나 읽은 모든 것들은 그 이야기의 일부에 지나지 않는 것입니다. 따라서 문학에 다가가는 일은 이 세상에 존재하는 단 하나의 이야기가 무엇인지를 알아가는 일이며 수많은 이야기들이 궁극적으로는 그 단 하나의 이야기를 구성하는 극히 일부분에 지나지 않는다는 것을 파악하는 일이며 그렇기 때문에 모든 이야기에는 공통된 고리가 존재한다는 것을 파악하는 일입니다. 다시 말해, 문학에 집중한다는 것은 수많은 일상과 시간이 결국은 하나로 얽혀 있다는 것을 인식해 가는 과정입니다. 그렇기 때문에 한 편의 시나 소설을 읽고서도 우리는 인간의 감정과 삶과 인생 모두를 경험할 수 있는 것이기도 하지요. 아마도 이런 의미에서 윌리엄 블레이크는 "한 알의 모래에서 세계를 보고 한 송이의 야생 꽃에서 우주를 본다"고 하는 것이겠지요.

인문학이 대개 그러하겠지만 특별히 영문학은 작품과 작품 사이의 긴밀한 연계성을 파악하는 것이 무엇보다 중요합니다. 흔히 유행하는 용어로 '상호텍스트성'이라고도 할 수 있겠네요. 사람과 사람의 관계가 긴밀하듯이 문학과 문화의 관계도 긴밀합니다. 그것은 결국 문학이 사람을 이야기하는 학문이기 때문에 그렇습니다.

Postscript

한 남자가 도시에 들어선다. 그는 그 도시가 처음이며 낯설다. 그리 크지 않은 곳이지만, 길을 잃고서도 한 방향만을 고집스럽게 집착한다. 그리고 잘못 들어선 그 길에서 한나절을 맴돈다.

2012년 가을 늦은 오후 런던 히드로공항에 도착했고, 까다로운 입국 절차를 마치고 더 늦은 오후 켄터베리에 발을 디뎠다. 어쩌면 이른 밤이었을지도 모른다. 영국의 도시가 대개 그렇듯 켄터베리는 작은 도시였고 한적했다. B&B에서의 완전히 낯선 밤. 긴 하루의 끝. 인천공항에서 비행기가 이륙할 때 보았던, 바로 그 시간. 어제가 다시 오늘로 되풀이된다. 그렇게 어제와 오늘이 하루가 되어 지나간다. 다음 날. 이른 새벽. 완전히 다른 시각. 하지만 시차 적응에 실패. 나는 오늘에 있으면서 어제를 다시 사는 느낌이다. 그렇게 낯선 곳에서의 시간은 시작되었다.

켄트대학교의 영문학과 교수인 재닛 몬테피오레 교수의 초대를 받았다. 15세기 튜더풍의 고택. 조그만 창문을 통해 들어오는 햇빛을 받아 먼지가 흩날리고 있었다. 그 자리엔 아들 헨리Henry도 있었다. 그는 식사 내내 콧노래를 불렀고, 눈이 마주칠 때마다 해맑은 미소를 보냈다. 하지만 약간 흥분한 듯 포크와 나이프를 다소 거칠게 다루는 듯했다. 직업을 물어보았다. "화가"라 답했다.

한 달 후 웨스트게이트 성문 앞 보도에서 그를 보았다. 그는 쭈그리고 앉아 무엇인가를 그리고 있었다. '스머프'였다. "헨리" 하고 부르자, 서툰 윙크로 화답했다…. 순간, 가슴이 저렸다.

재닛 교수는 아들이 조현병Schizophrenia이라 했다. 걸벤키언 카페에서 카푸치노를 마시고 있었고, 우리 사이에 더 이상의 말은 없었다. 켄터베리 성당의 회랑을 거닐면서도 우린 말을 하지 않았다. 며칠 후 잔 교수가 『헨리의 아픔Henry's Demons』을 보내왔다. 남편인 패트릭 콕번과 헨리가 함께 쓴 저서였다. (이때만 해도 헨리는 가벼운 초기 증상만을 보였고, 완치될 확률이 50%였고, 집 근처 병원에서 정기적으로 입원했고, 상태가 나아지면 퇴원하기를 반복하고 있었다)

"새벽 2시, 거실 소파에 앉아 있었다. 갑자기 현관문이 덜컥이는 소리가 들렸다. 문이 열렸고, 누군가가 조용히 머리를 들이밀고 있었다. 헨리였다. 그는 나를 바라보았고, 나는 그를 보고 있었다. 무엇인가 큰 잘못을 저지른 것처럼, 그는 자신의 행동을 민망해하는 것 같았다. 갑자기 문을 닫고 내달리기 시작했다. 곧바로 쫓아 나갔지만, 이미 멀리 간 그를 멈출 수 없었다. 그가 향하는 곳은 병원이었다. 나는 흐려진 눈으로 달려가고 있는 그의 모습을 오랫동안 바라보았다."

한참이 지났다. 어쩌면, 하루 꼬박이었는지도 모른다. 마지막 책장을 덮고, 글을 쓰기 시작했다. "Schizophrenia"라는 시였다. 그리고 그 시를 그때는 친구가 된 콕번 부부에게 보냈다.

창작은 그렇게 시작되었다. 시와 단편소설을 썼고, 에세이를 썼다. 이때(2012~2013)의 글들은 대부분 영어로 썼고, Honorary Lecturer로서 여러 세미나를 통해 발표했다. 하지만, 본 에세이집인 『문학과 문화 사이』에서 제5장과 제6장의 10개의 에세이는 영국에서의 글들이다. 2014년 패트릭 콕번을 서울에서 다시 만났다. 그는 『가디언』지의 수석기자였고, 그런

이력으로 '아리랑 TV'에 출연하기 위해 방문하고 있었다. "헨리에게 가졌던 50%의 희망이 완전히 사라졌다고 말했다." 제13장인「Coda–세 가지 질문에 대한 답변」에서의 에세이는 그렇게 해서 쓰게 된 것이다. 실존적인 존재로서, 우리 인간에게 문학이 줄 수 있는 희망을 말하고 싶었다. 어쩌면 그런 의미에서 제12장인「커피, 시 혹은 소설, 그리고 인생」에 실린 두 편의 에세이가 존재론적 슬픔에 적지 않은 위안을 줄 수 있다고 생각한다. 2016년 겨울 일본 가나자와대학 캠퍼스를 걷고 있을 때, 전화를 받게 되었다. 교내 미디어센터장을 맡아달라는 전화였다. 그렇게 해서 맡게 된 자리가 2016년 3월부터 2020년 2월까지 무려 5년이이라는 긴 기간에 걸쳐 지속되었다. 이를 계기로 제1장, 제3장, 제4장, 제8장, 그리고 제9장에서의 에세이를 쓰게 되었다. 이 기간은 코로나19 시기(2019~2022)와 맞물리면서 제2장인「코로나 바이러스 시대, 문학과 글쓰기」에서의 에세이들을 구상했다. 영문학 교수로서 오랫동안 다양한 종류의 강의를 하면서 문학이 가지는 의미와 의의에 대하여 이야기하고 싶었다. 지금까지 언급한 글들이 다 그런 것이다. 그러면서도 그러한 이야기를 딱딱한 내용으로서만 전달하고 싶지는 않았다. 우리에겐 언제나 우리를 여유롭게 만드는 커피 한 잔과 무책임한 여행이 필요하다. 제7장, 제10장의 에세이들이 그것에 부합하는 내용일 것이다. 2024년 모든 이들이 말한다. "지금은 제4차 산업혁명의 시대이고, 더이상 피할 수 없는 AI 시대에 접어들었다." 제11장「Trivial Thoughts in the Age of AI」에서 이 점을 말하고 싶었다. 이렇게 해서,『문학과 문화 사이』가 완성될 수 있었다. 전체를 13개의 장으로 구성했고, 프롤로그Prologue와 에필로그Epilogue를 추가했다. 그리고 한참이 지나, 편집 막바지에, 마지막 추기Postscript를 첨가했다.

2024. 7. 11

영문학 교수의 대중문화 읽기
문학과 문화 사이

지은이 박윤기
펴낸이 조경희
펴낸곳 경문사
펴낸날 2024년 7월 31일 1판 1쇄
등 록 1979년 11월 9일 제1979-000023호
주 소 04057, 서울특별시 마포구 와우산로 174
전 화 (02)332-2004 팩스 (02)336-5193
이메일 kyungmoon@kyungmoon.com

값 18,000원

ISBN 979-11-6073-711-0